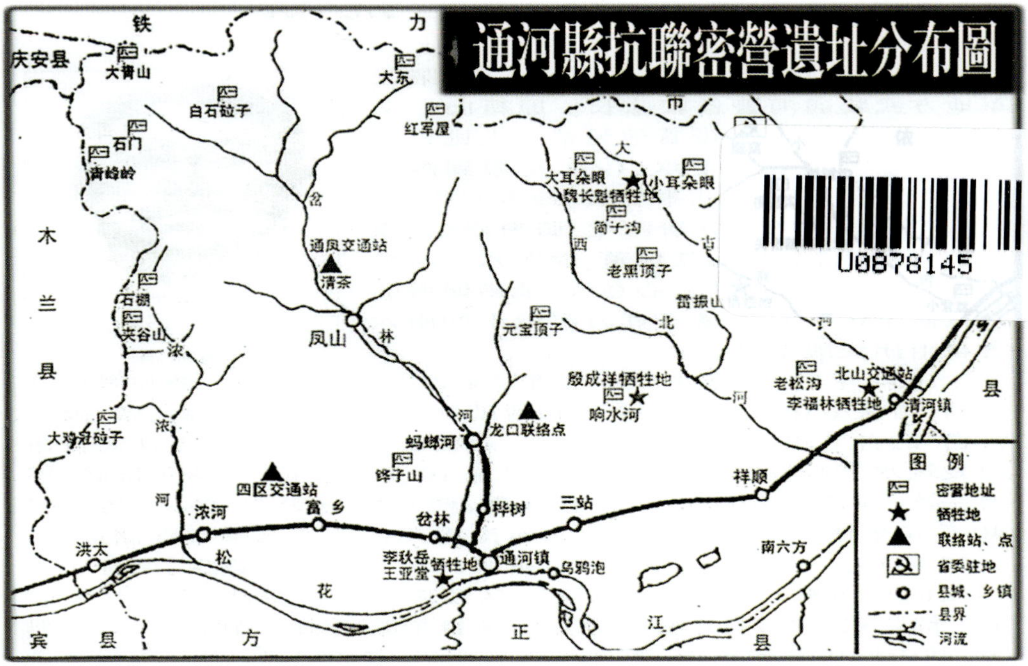

通河县抗联密营遗址分布图

一批介绍老区历史和英雄人物的书籍及乡土教材陆续出版发行

今日通河

“醉”美通河

通河松花江大桥穿越南

一桥跨松江

滨水小城

阳光民居高楼林立

铧子山——欢乐登山节

革命老区 通河——中国优质生态米之乡

袁隆平院士为通河大米题词（右为县委书记刘长河）图片提供 雷柏山

通河最多人插秧挑战吉尼斯成功

大米高峰论坛

通河县“通河大米”与贵州茅台、安溪铁观音、习酒等联手进入地理标志产品百强榜，位列百强榜44名

创纪录的喜悦

经济技术开发区

通河县经济技术开发区一角

经济技术开发区办公楼

迎春粮油公司

大东北农业发展有限公司

黑龙江最大的食品冷冻企业——百家得食品冷冻有限公司

通河恒泰热电有限公司

美丽乡村

富林——旅游民俗文化小镇

桦树——礼仪文化村

长兴——农家乐

长兴——观光稻香村

革命老区——青山村

新乡现代生态农业观光农业园

革命老区纪实 大果榛子——精准扶贫

富林镇——通河大果榛子第一镇

大果榛子采摘

桦树村精准扶贫基地

富林镇“康源合作社”大果榛子喜获丰收

老区兴凤山 山榛喜人

通河“大果榛子”商标全国闻名

大棚地栽木耳项目精准扶贫

通河老区 旅游风光

子山AAAA级国家地质森林公司一角——风光旖旎铧子山

通河烈士陵园烈士纪念碑

春满桃花园（大通河景区）

河槟榔沟抗联密营地

龙脉山抗联联系点

清河鹰窝北满省委遗址

乌拉浑山花

乌龙森林公园三棵松（抗联遗址）风光

二龙潭景区游人如织

教儿识古今——松花江公园三千米书画长廊

革命老区村

县老促会领导走访清河镇老区万亩大果榛子基地

國務院奬狀

奬給農業社會主義建設先進單位

黑龍江省通河縣清河人民公社二道河子耕作區

總理 周恩来

一九五八年十二月三十一日

二道河子村水稻种植被国务院授予奖状

祥顺镇新乡现代生态农业高标准示范园区

新乡稻田养鸭

祥顺镇——有机水稻

凤山镇青山村——家家户户红瓦房 电子商务进青山

通河县革命老区发展史

通河县老区建设促进会　编

黑龙江教育出版社

图书在版编目（CIP）数据

通河县革命老区发展史 / 通河县老区建设促进会编
. -- 哈尔滨 : 黑龙江教育出版社, 2021.5
ISBN 978-7-5709-2227-7

Ⅰ. ①通… Ⅱ. ①通… Ⅲ. ①通河县－地方史 Ⅳ.
①K293.54

中国版本图书馆CIP数据核字(2021)第074667号

顾　　问　于万岭
丛书主编　杜吉明
副 主 编　白亚光　张利国　李树明　李　勃

通河县革命老区发展史
Tonghexian Geming Laoqu Fazhanshi
通河县老区建设促进会　编

责任编辑　高　璐
封面设计　朱建明
责任校对　杨　彬
出版发行　黑龙江教育出版社
地　　址　哈尔滨市道里区群力第六大道1305号
印　　刷　哈尔滨博奇印刷有限公司
开　　本　787毫米×1092毫米　1/16
印　　张　16.5
字　　数　200千
版　　次　2021年5月第1版
印　　次　2021年5月第1次印刷

书　　号　ISBN 978-7-5709-2227-7　　定　　价　38.00元

黑龙江教育出版社网址：www.hljep.com.cn
如需订购图书，请与我社发行中心联系。联系电话：0451-82533097　82534665
如有印装质量问题，影响阅读，请与我公司联系调换。联系电话：0451-51789011
如发现盗版图书，请向我社举报。举报电话：0451-82533087

《通河县革命老区发展史》编纂委员会

主　　任： 贺业方（县委副书记、县长）

执行主任： 杨乃珍（县委副书记）

副 主 任： 吴哈宁（县政府副县长）

赵雁行（县老促会会长）

委　　员： 孙　英（县老促会副会长）

张焕生（县老促会副会长）

张　才（县老促会秘书长）

魏　勇（县档案局副局长）

王铁成（县发改局局长）

高　飞（县扶贫办副主任）

尹宝红（县党史研究室副主任）

陈　闯（县志编辑部主编）

宋景涛（原县档案局局长）

高顺福（原党史研究室主任）

张亚兴（原党史研究室副主任）

郭景隆（通河县作家协会主席）

邓文普（县志编辑部编辑）

《通河县革命老区发展史》编辑部

通河县《通河县革命老区发展史》审读小组

组　长：杨乃珍（县委副书记）

副组长：赵雁行（县老促会会长）

　　　　尹宝红（党史研究室副主任）

　　　　李　纪（县委宣传部副部长）

审读员：范连秀（党史研究室编辑）

　　　　陈　闯（县志办主编）

　　　　魏　薇（县发改局副局长）

　　　　魏　勇（县档案局副局长）

　　　　高顺福（原党史研究室主任）

　　　　张亚兴（原党史研究室副主任）

哈尔滨市《通河县革命老区发展史》审读小组

组　长：邹新生（市老区建设促进会会长）

副组长：王维绪（市老区建设促进会副会长）

组　员：张同义（市老区建设促进会副秘书长）

　　　　王　洪（市史志研究室主任）

　　　　张严学（市党史研究会常务副会长）

黑龙江省《通河县革命老区发展史》审读小组

组　长：杜吉明（省老促会会长）

副组长：白亚光（省老促会副会长兼秘书长）

　　　　张利国（省老促会副秘书长）

　　　　李　勃（省老促会宣传部副部长）

总 序

在举国欢庆新中国成立70周年前夕，中国老区建设促进会王健会长请我为《全国革命老区县发展史》丛书作序，作为一名在老区战斗过并得到老区人民生死相助的老兵，回首往事，心潮澎湃，感慨万千，深感义不容辞，欣然应允。

中国革命老区，是以毛泽东为代表的中国共产党人在领导人民推翻帝国主义、封建主义和官僚资本主义三座大山，争取民族独立和人民解放伟大斗争中建立的革命根据地，在这片红色的土地上，诞生了无数可歌可泣的革命英雄儿女，为后人树起了一座不朽的丰碑。她是新中国的摇篮，是党和军队的根。

在艰苦卓绝的战争年代，老区人民把自己的命运与中华民族的命运紧紧地联系在一起，与中国共产党和人民军队的命运紧紧地联系在一起，他们生死相依，患难与共。我曾亲历过战争年代，并得到过老区红哥红嫂的救助，切身感受到发生在身边的一幕幕撼天动地的革命故事，在那极其艰难的条件下，老区人民倾其所有、破家支前，不怕艰难困苦，不怕流血牺牲。“最后一碗米送去做军粮，最后一尺布送去做军装，最后一件老棉袄盖在担架上，最后一个亲骨肉送去上战场”，这是当时伟大的老区人民为建立新中国做出巨大牺牲的真实写照，它将永远镌刻在中国共产党、中国人民解放军、中华人民共和国的历史丰碑上。他们的光辉业绩永载史册，他们的革命精神必将影响一代又一代的革命新人，造就一代又一代的民族脊梁。

在社会主义革命和建设时期，革命老区和老区人民响应党的号召，面对落后的面貌、脆弱的经济、恶劣的生态环境，他们本色不变，精神不丢，自力更生，艰苦奋斗，干一行爱一行。始终坚持“革命理想高于天”，自觉做共产主义远大理想的坚定信仰者和忠实实践者，勇于向恶劣的自然环境和贫穷落后宣战，他们在各条战线上为国建功立业，用平凡的双手创造了一个又一个不平凡的奇迹，彰显了老区人的崇高精神和人格力量。

在改革开放的伟大进程中，老区人民解放思想，勇于创新，发奋图强，攻坚克难，老区的经济社会建设取得了辉煌成就。特别是在改变中国的面貌、中华民族的面貌、中国人民的面貌、中国共产党的面貌的伟大实践中发挥了至关重要的作用。老区人民既是改革开放的参与者，也是改革开放的推动者。

艰苦练意志，危难见精神。老区人民在近百年的革命战争、社会主义建设和改革开放的伟大实践中，孕育形成了伟大的老区精神：爱党信党、坚定不移的理想信念；舍生忘死、无私奉献的博大胸怀；不屈不挠、敢于胜利的英雄气概；自强不息、艰苦奋斗的顽强斗志；求真务实、开拓创新的科学态度；鱼水情深、生死相依的光荣传统。这是党和人民宝贵的精神财富、丰厚的政治资源，是凝心聚力、振奋民族精神的重要法宝，也是社会主义核心价值观的重要内容。

中国老区建设促进会怀着强烈的政治责任感和历史使命感，组织全国各地老促会人员克服困难，尽心竭力编纂《全国革命老区县发展史》丛书，记录老区的光辉历史和辉煌成就，传承红色基因，弘扬老区精神，是功在当代，利及千秋的一件大事。手捧这部丛书的部分书稿，读着书中的故事，倍感亲切，深感这部丛书具有资政、育人、存史的社会功能，有着重要的时代和历史价值。它是不忘初心、牢记使命的源头活水，是赞颂共产党、讴歌老区人民的一部精品力作，是弘扬老区精神、传承红色记忆的丰厚载体，是一项继承优秀传统文化、弘扬革命文化、发展社会主义先进文化，坚定“四个自信”的宏大文化工程。它必将成为一种文化品牌，为各界人士了解老区宣传老区支持老区提供一部有价值的研究史料。希望读者朋友们能从中了解并牢记这些为党和民族的利益不断奉献的老区人民，从中得到教益，汲取人生奋斗的精神动力。

新时代赋予新使命，新起点开启新征程。让我们更加紧密地团结在以习近平同志为核心的党中央周围，坚持以习近平新时代中国特色社会主义思想为指导，增强“四个意识”，坚定“四个自信”，做到“两个维护”，弘扬老区精神，铭记苦难辉煌。为实现“两个一百年”奋斗目标，实现中华民族伟大复兴的中国梦做出新的更大的贡献！

迟浩田

2019 年4 月11 日

编写说明

2017年6月，中国老区建设促进会组织全国各地老促会启动编纂《全国革命老区县发展史》丛书，按照“建立中国共产党、成立中华人民共和国、推进改革开放和中国特色社会主义事业”三大里程碑的历史脉络，系统书写革命老区百年历史，深入挖掘革命老区红色文化资源，这对于充实丰富中国革命史籍宝库、在新时代传承红色基因、弘扬革命精神、强固根本，对于激励人们在新的历史条件下夺取中国特色社会主义伟大胜利，实现中华民族伟大复兴的中国梦具有重要意义。

丛书编纂以习近平新时代中国特色社会主义思想为指导，以《中国共产党历史》《中国共产党的九十年》等重要文献为基本依据，以党的领导为核心，以老区人民为主体，以老区发展为主线，体现历史进程特征，突出时代发展特色，坚持辩证唯物主义和历史唯物主义相统一、历史真实性与内容可读性相统一的原则，书写革命老区从站起来、富起来到强起来的光辉革命史、不懈奋斗史、辉煌成就史，把老区人民的伟大贡献、伟大创造、伟大成就、伟大精神充分展示出来，形成一部具有厚重历史特征和鲜明时代特色的精品力作。这是一部培根铸魂、守正创新，既为历史立言，又为时代服务，字里行间流淌着红色血脉、催生着革命激情的传世之作。丛书的编纂出版将成为讴歌党讴歌人民讴歌时代、传播红色文化、为革命老区和老区人民树碑立传的重要载体。丛书按照编年体与纪事本末体相结合、以编年体为主的编写体例确定框架结构；运用时经事纬、点面结合的方式记述史实；坚持人事结合、以事带人的原则处理人与事的关系；采取夹叙夹议、叙论结合以叙为主的方法展开内容。做到史料与史论、历史与现实、政治与学术统一，文献性、学术性、知识性相兼容。

为编纂好《全国革命老区县发展史》丛书，打造红色文化品牌，中国老区建设促进会认真组织积极协调，提出政治立场鲜明、史料真实准确、思想论述深刻、历史维度厚重、时代特色突出、编写体例规范、篇目布局合理、审读把关严格、出版制作精良的编纂出版总要求，力求达到革命史籍精品的精神高度、思想深度、知识广度、语言力度，增强丛书的权威性和社会影响力。各省（区、市）、市（州、盟）、县（市、区、旗）老促会的同志，以强烈的使命感、责任感和紧迫感，勇于担当，积极作为，认真实施，组织由老促会成员、专家学者等参加的十余万人编纂队伍。编纂工作主体责任在县，省、市组织协调、有力指导、审读把关。各方面人员以高度负责的精神和科学严谨的态度，满腔热情地投入工作，为丛书编纂出版做出了重要贡献。丛书编纂工作还得到了党和国家有关部委、地方各级党委政府及有关部门的大力支持和积极参与，社会各界也给予了热情帮助。中共中央政治局原委员、中央军委原副主席、原国务委员兼国防部长迟浩田上将，对老区人民怀有深厚感情，对革命老区建设发展十分关注，欣然为《全国革命老区县发展史》丛书作总序。

丛书由总册和1 599 部分册（每个革命老区县编纂1部分册）组成，共1 600 册。鉴于丛书所记述的史实内容多、时间跨度长和编纂时间紧，不妥之处，敬请批评指正。

中国老区建设促进会

目录

序 言

美丽富饶的通河，是国家革命老区县之一。这里的土地洒满了无数革命先烈的鲜血；这里的人民勤劳、智慧、勇敢，同封建主义、官僚资本主义和日本帝国主义压迫和侵略，进行了顽强的斗争。这里革命历史悠久，早在清末和民国之初，就有反封建、反压迫、反对帝国主义的斗争。1928年就有中国共产党组织在这里活动，1929年在通河县东部清河地区建立了党支部，点燃了人民革命斗争的火焰，掀开了新民主主义革命斗争的历史篇章。

震惊中外的“九一八”事变后，1932年4月30日，日本侵略者的铁蹄踏上了通河这块土地，打破了人民和平的梦想，从此人民陷入水深火热的亡国奴生活。面对日本侵略者烧光、抢光、杀光的凶残，通河人民在中国共产党的领导下，拿起刀枪奋起反抗，和日军作拼死的战斗。

1938年，中共北满临时省委进驻通河，许多战略部署和重大决议从这里发出，指挥北满地区的抗日斗争，通河成了北满抗日斗争指挥中心。通河人民在中共北满临时省委直接领导下，支援抗联、参军参战，同赵尚志领导的抗日联军并肩作战。全县50%以上的农村建立了抗日救国会组织。抗日联军和地方义勇军凭借北部大山林海，创建了巩固的通河抗日游击根据地，开展积极的武装斗争，与日军进行了上百次战斗。

在与日本侵略者艰苦卓绝的14年斗争中，有多少中华儿女的热血洒在这片土地上，有多少热血青年义无反顾地投身抗日战场，他们用生命和热血谱写了可歌可泣的英雄历史。

1945年，“八一五”日本投降后，1946年2月6日通河解放。2月9日，中共中央政治局委员、中共北满分局书记陈云，北满军区司令员高岗，带领北满分局从宾县进驻通河，通河人民在中共北满分局的领导下，集中武装力量清剿国民党武装残余势力和地方土匪；建立民主政权，大张旗鼓地开展土地改革运动，实现了“耕者有其田”革命，从此，通河人民进入当家做主的新的历史阶段。

新中国成立后，虽然经历过1958年的“大跃进”，1960至1962的三年困难时期，以及十年“文革”，但通河人民奋发图强，排除干扰，抵制错误，工农业生产缓慢平稳发展，人们生活得到基本保障。特别是1978年改革开放以来，老区通河地方经济和全国一样，进入了发展快车道。城乡面貌日新月异，人民生活水平大幅度提升。党的十八大以来，通河人民在为实现民族伟大复兴的中国梦的鼓舞下，通河县委、县政府带领全县人民为实现“小康”社会，千方百计地发展经济，为2020年达到全面脱贫而努力奋斗，获得全国文明县城、中国绿色名县、国家卫生县城、国家全国粮食生产先进县等60余项国家省市级荣誉。精准扶贫、林下经济、滨水城市建设等经验在省市推广，多项争创工作稳居前列。

《通河县革命老区发展史》，系统全面记述了从1906年建县以来的战争年代到和平建设时期所发生重大历史事件。在革命斗争岁月里，通河老区人民，英雄的通河儿女彰显了坚强勇敢，无私奉献，从不屈服于外来侵略与殖民压迫的民族气节；在社会主义建设时期，发扬老区人民的光荣传统，团结一心，建设美好家园，积淀了“奋发图强，艰苦奋斗，开拓创新，争创一流”的通河精神。通河老区孕育了一批又一批国家栋梁和时代精英，先辈们开创的伟业和崇高精神，将光照千秋，永载史册。

老区的革命发展史是一笔宝贵的精神财富，应当世代传承。以史为鉴知兴替，借鉴历史开创未来。在庆祝新中国成立70周年之际，编纂老区革命发展史，是为伟大祖国70华诞献上一份厚礼；发扬、传承老区人民的革命传统，不忘初心，牢记使命，传承革命老区的红色基因，把我们的家园建设得更加富庶、美好，祖国更加繁荣、强盛！

战争的硝烟虽然早已散尽，但我们不能忘记曾经的屈辱历史，常思今天的和平幸福生活来之不易，进一步弘扬老区精神，开创通河县各项事业新局面，早日实现小康社会，为实现中华民族伟大复兴的中国梦而努力奋斗！

第一章　概述

一、区域概况

通河县光绪三十二年（1906年）建制，原名大通县，因境内东部有大通河而得名。1914年因与甘肃省大通县重名，改为通河县。县署，开始设在崇古尔库站（即老站），1914年迁岔林河口左岸——今通河镇。清代隶属吉林省兴东道依兰府，伪满洲国时隶属三江省，1945年11月隶属合江省，1946年6月划归松江省，1954年8月，松江省与黑龙江省合并后，隶属黑龙江省松花江专员公署，1956年3月划归绥化地区，1958年8月隶属松花江专员公署，1960年4月划归哈尔滨市管辖，1965年8月重归松花江专员公署，1996年11月松花江地区撤销与哈尔滨市合并，通河划归哈尔滨市管辖。

通河这块热土，早在周朝就有了人类栖息活动的记载。境内古代为肃慎地，汉为鲜卑地，隋唐为黑水靺鞨族区域，宋为金地，明清为鄂伦春游猎地。有汉、满、朝鲜、回、蒙古、苗、壮、布依、土家、锡伯、达斡尔、鄂伦春等民族，汉族占97.5%。人口，已从1906年建制时的不足5万人，至2017年发展为26万人。全县辖8个镇，82个行政村、216个自然屯。通河镇是中共通河县委、县人民政府驻地。

县域位于黑龙江省中部，小兴安岭南麓，松花江中游北岸。东毗依兰，西邻木兰，南与方正、宾县隔江相望，北以平顶山分水岭为界与铁力、庆安接壤。通河县地势北高南低，辖区面积5 675.478平方公里。依次为山地、丘陵、平原。山地、丘陵占总面积60 %，平原占30%，河流泡泽占10 %。北部山脉连绵逶迤，层峦叠嶂，森林茂密，森林面积42万公顷，覆盖率达73.5%，活木蓄积量4 000万立方米，是全省重要林业基地。境内有省属清河林业局、兴隆林业局的大部分作业区和铁力双丰林业局部分作业区，有4个县属林场。

小兴安岭支脉横贯东西，形成千里屏障。有名山峰52座，其中海拔千米以上的有五六座。松花江流经县域123公里，县内河流纵横，泡泽星罗棋布。有岔林河、大通河、西北河、乌拉浑河、浓浓河等河流27条，有二龙潭、鲫鱼泡、黑鱼泡、紫龙湖、转心湖等泡泽75个，水域面积达75.28万亩，有丰富的水利资源。沿江低洼地带水草丰富，素有大森林、大草原、大江河、大湿地之称；全县土地面积850.91万亩，有耕地185万亩，其中水田140万亩，人均水田面积10亩以上，全国居首。牧草地2 884.2亩。全县大体结构是七山半水二分田，半分沼泽和草原。

县城通河镇位于哈尔滨、佳木斯两市中间，距离均为180公里。贯穿全境南北的鸡讷公路和西东哈肇公路在县城东郊交汇。2009年松花江通河公路大桥通车后，与哈同高速公路连接，陆路交通四通八达。哈佳客货高速铁路2018年10月份通车后，通河纳入哈尔滨一小时经济圈。松花江依城而过，曾是哈尔滨与佳木斯中间的重要码头，有黄金水道之称，是水陆交通的枢纽，区位优势显著。

二、自然资源

通河虽是人口小县，却是资源大县。通河钟灵毓秀，物阜源丰。生态、自然资源得天独厚，素有鱼米之乡之称。县境北部的广袤山区矿产资源丰富，主要有石英石、大理石、矿泉水等。其中石英裸露矿点12处，已经探明7个矿点石英储量达83万吨。经中国建筑材料研究院玻璃研究所认定，通河县石英矿杂质少、纯度高、可熔性好，二氧化硅含量高达99.97%以上，储量和质量居“全国之首，国内罕见”，被誉为“透明黄金”。沿江地带有丰富的石油、天然气、地热、风力发电资源。大庆油田在通河境内钻探喜获高产工业油流，储量在亿吨以上。2014年发现乌鸦泡镇一带有丰富的地热资源，流体温度达43摄氏度以上，极具开发潜力。广袤林海自然野生药材有120多种，野生药材主要有人参、刺五加、满山红、黄檗、五味子等，1987年曾在铧子山二甲沟采集到一棵重505克的野山参，被誉为“世界人参之王”，从此通河赢得“参王故里”美称。在广袤的林海中，生长有大量山野菜、山野果。县委、县政府从实际出发，制订了林下经济“双百”方针，大力发展林下经济。近年来，引进的平欧大果榛子已经发展到10万亩，给农民和林区人民以丰厚的回报，通河县委和政府正在打造全国大果榛子第一县，并投资建设了生产加工基地。另外，建灵芝、人参、蓝莓、林下猪、林下鸡、鹌鹑等生产基地30多处，都已形成规模。

通河的地域风光山清水秀，人文景观丰富多彩，生态环境良好。县委、县政府秉承“绿水青山就是金山银山”的思路，大力开发“旅游资源”，重点开发建设铧子山、岔林河、二龙潭、大通河水库、乌龙狩猎场等景区。铧子山森林公园被评为国家4A级景区，岔林河景区已晋升为AAA景区，二龙潭获批国家湿地公园。正在打造“时尚哈尔滨，嗨动在通河”旅游品牌，通河铧子山森林公园，跻身全省七条精品旅游线路热点景区。

三、革命斗争历程

早在民国初年，就有反帝反封建压迫的斗争。通河地区随着土地的开垦，土地剥削制度逐渐形成。有钱有势的地主、富农占有绝大部分土地，残酷剥削农民。生活在食不果腹、衣不保暖中的人们，便奋起反抗。1916年5月间，通河、浓河两地就发生了抢盐斗争，抗议官秤缺斤短两；为反对苛捐杂税，1925年平民贾盛海率众70余人砸毁税局；更有“天龙”“黑虎”“滚地雷”等绿林武装攻城夺寨，杀富济贫、接济穷人。

为反对沙皇俄国对通河地区森林掠夺，老站屯人民聚众抗击俄国兵对屯民的骚扰，击毙俄国兵15人。

1928年有中国共产党的组织在通河东部活动，1929年在通河东部二道河子建立了第一个党支部，掀开了革命斗争的序幕。

“九一八”事变的炮声，打破了人民和平的梦想。1932年4月30日，通河沦陷，从此人民过着水深火热的亡国奴生活。面对日本侵略者烧光、抢光、杀光的凶残，通河人民在中国共产党的领导下，拿起刀枪奋起反抗，自发组织了抗日义勇军、自卫团、大刀会。东北军步兵第三旅五团（称“老五团”），与通河的义勇军、大刀会为保卫通河县城与日军苦战七昼夜，打得敌人三进三出。日本占领通河后，面对日本军国主义的烧杀掠劫，激起许多绿林队伍的民族正义感，枪口对外，和日军作战。当时活动在通河地区的绿林队伍有“密林”“均平”“迎风”“战北”“奉天”“滚地雷”“要中国”“合好”“爱中国”“万山”“海龙”“老来好”“太平”“天龙”等20多支队伍。很有名气的大刀会有浓河脚行把头孙清立（字与俊）组织的浓河大刀会，三站王金廷、霍德厚组织的三站大刀会。特别是1936年至1939年期间，赵尚志、李延禄率领的抗联三军和四军进入通河后，抗日斗争进入了高潮。通河人民在中共北满省委直接领导下，支援抗联、参军参战，同英勇的抗日联军一起舍生忘死，并肩作战。全县参加东北抗日联军和义勇军的多达3 859人，全县50%以上的农村建立了抗日救国会组织，为抗联提供情报，运送粮食、盐、菜和必需的军用物资。在山区林海建立了大、小古洞沟里的鹰窝、槟榔沟、白石、青峰岭、铧子山等地20余处抗联密营，覆盖面达到70%以上。

1935年8月1日，中共中央发表了《为抗日救国告全国同胞书》，即《八一宣言》。赵尚志根据1936年2月制定的《东北抗日联军统一军队建制宣言》，收编了通河境内“均平”“奉天”等近20支义勇军1 400余人，成立了抗联三军地方武装通河警备旅。通河警备旅在军长赵尚志的统一领导下与抗联主力部队密切配合，一面组织抗日救国会，为抗联部队筹措军需物资，一面与敌人展开游击战。

继第三军和第四军之后，第五、六、八、九、十一军等七个军在通河地区进行抗日活动，开展了积极的武装斗争，与日军进行了上百次战斗。著名的战斗有：首战清河伪警备队、西北河伏击战、血战五道河、洼子张战斗、端掉通河东门警察分所、洪水泡战斗、袭击清河警察所、密林血战等，共消灭日伪军警宪特2 030人，俘虏日伪军893人。凭借北部大山林海，创建了巩固的通河抗日游击根据地。

1938年4月至1939年4月期间，北满临时省委进驻通河，先后在通河小古洞鹰窝密营召开三次临时省委常委会议和一次执委会议。北满临时省委的许多战略部署和重大决议从这里发出，指挥北满地区的抗日斗争，通河成了抗日斗争指挥中心。

1940年至1945年4月，东北地区抗日斗争进入艰苦阶段。为了保存实力，抗联将士分批退入苏联休整、补充、训练。

通河人民在党的领导下继续坚持斗争。北满省委书记金策及抗联十二支队政治部主任张瑞麟，仍然活动在通河北部山区，宣传抗日思想，组织抗日救国会。特别是进入1945年，在日军垂死挣扎即将灭亡前夕，对通河人民进行残酷的所谓“思想矫正”，把大批和抗联有联系的山区人民抓捕进监狱，进行法西斯严酷的摧残。在中国共产党抗日思想影响下，以王金才、孙禄为首的十几名爱国伪警察和狱中的难友，1945年4月6日在敌营垒内部武装起义（历史上称为“四六事件”），砸开监狱放出近300名无辜百姓，组成抗日游击队进入北部大山，武装斗争坚持到“八一五”日本投降。其民族正义精神可歌可泣。

在通河县长期进行抗日活动的著名人物，有曾担任过北满省委书记的冯仲云、张兰生、金策，省委执委书记、东北抗日联军司令赵尚志，省委组织部长、抗联第三路军总指挥李兆麟，第三路军总参谋长许亨植，以及李延禄、陈雷、崔庸健、李敏（女）、张相龙、张瑞麟、刘铁石、李东光、景永安、鈕景芳、李桂林、王明贵、王钧等。

在十四年与日本侵略者艰苦卓绝的斗争中，牺牲的著名烈士和民族英雄有中共通河特支书记、与赵一曼齐名的李秋岳；北满省委组织部部长、东北抗日联军第三军哈东司令李福林；省委组织部部长、第九军政治部主任魏长魁；第三军二师师长关化新，通风交通站站长杨春；交通站成员孙禄，通河“四六”武装起义首领王金才为首的15名爱国警察；以及通河警备旅旅长雷震山，警备旅三团团长殷成祥，游击团长王勇，鄂伦春抗联战士袁绍先、李绷哥替（李宝泰）、李桂下布父子，抗联第三军被服厂党支部书记张义淑等。有史料记载，牺牲在通河的抗日将士1 100多人，被杀害的通河地方党组织成员78人，抗日救国会成员和无辜群众879人，共计2 060多人，占当时通河人口的3.6%。表现了炎黄子孙爱国主义和大无畏的革命英雄主义精神。

1945年8月15日，日本天皇发表《终战诏书》，宣布无条件投降，伪满洲国政权彻底垮台。1945年8月20日，苏联红军开进通河。9月初，抗联教导旅派卢连峰、白凤林、宋永峰3人来通河接收政权。卢连峰任苏军驻通河卫戍区司令部副司令、通河城防司令部司令。但这时的时局，存在国共两党的斗争。国民党残余势力及其反动分子，不甘心退出历史舞台，斗争仍很激烈。伪官吏抢先成立维持会，国民党也挂出通河国民党党部的牌子。原通河森林警察大队长高铭三，通过假积极骗取信任当上了刚刚成立的通河保安队，保安大队长，他仍幻想国民党卷土重来，于1946年9月中旬叛变。他网罗伪满同僚、伪警察、土匪头目等拥有600多兵力，逆潮流而动，企图固守通河向国民党领功请赏。通河保安队大队长高铭三叛变后，清祥区（后为清河区、祥顺区）、浓河、三站等区保安队也相继叛变，一段时间反动势力猖獗。在三五九旅解放通河之前，为解放通河，一些革命志士英勇牺牲。三江人民自治军（后改为合江人民自治军），两次攻打通河受挫。第一次战斗牺牲24名战士，30多人被俘。第二次，营长吴云甫等18 位将士牺牲。牺牲的还有吉黑军区参谋处长程式，四野第四十九军机枪射手张贵等。这期间，本县清河区中队叛变，中共清河区委书记王玉玺，清河区农会主任郑金发惨遭杀害。通河城防司令部政委魏一与，在剿匪战斗中牺牲。

1946年2月6日，由中共北满分局书记兼军区政委陈云、北满军区司令员高岗和参谋长李天佑指挥的一二〇师三五九旅，在旅长刘转连带领下解放通河。2月9日，中共中央政治局委员、中共北满分局书记陈云，北满军区司令员高岗，带领北满分局李天佑、谢邦治、刘向三、邹问轩等从宾县进驻通河，直接领导北满的革命斗争。3月13日，陈云在来自北满地区各市县300多名干部大会上，作了当前形势与任务的报告，（后来称作《在通河干部座谈会上的报告》），并成立了延（寿）、方（正）、通（河）中心县委。通河人民根据陈云对当前形势与任务的指示精神，在中共北满分局的领导下，集中武装力量清剿国民党武装残余势力，清剿地方土匪；建立民主政权，加强党组织建设；大张旗鼓地开展土地改革运动，开展大生产运动。

通河解放后，1946年3月15日，在县委领导下召开通河县临时参议会，选出参议会长戴谦（县委书记），成立了通河民主政府，推选石峰为县长，从此，全县人民进入当家做主的新的历史阶段。解放后的通河人民，积极参军参战，支援全国解放战争。1949年2月，根据党中央和东北局的指示，通河县有20名革命干部随军南下，参加新解放区的政权接收和组织建设工作。

中华人民共和国成立后，通河地方的经济得到恢复和发展。1956年基本完成了对农业、手工业和资本主义工商业的社会主义改造。1958年至1962年，县委、县政府领导全县人民，认真贯彻"鼓足干劲，力争上游，多快好省地建设社会主义"总路线，虽有"左"倾思潮影响，仍取得一定成绩，带领群众努力发展粮食生产，渡过了难关。1962年，根据党中央提出的国民经济"调整、巩固、充实、提高"的八字方针，县域经济进行了调整，农业生产取得好收成，工业和其他产业也有较快发展。但从1964年开始，经济发展受到影响。在十年"文革"中，县革命委员会排除"左"的干扰，坚持"抓革命，促生产"，保持了经济社会相对平稳。1976年粉碎"四人帮"以后，国家拨乱反正，1978年县委、县政府着手清理"左"的思潮影响和"文革"造成的危害，把党的工作重心转移到社会主义经济建设上来，领导全县人民加快社会主义建设步伐，进入改革开放、快速发展时期。

四、县域发展概况

1980年，贯彻党的改革开放政策，大力招商引资上项目，实施企业改制、重组等措施，地方工业注入了新的活力。

1983年，全县推行了农村土地家庭联产承包责任制，解放了生产力，激发出农民极大的生产热情。同年引进水稻旱育寒地稀植技术，水稻产量大幅提高，农业开始进入大发展时期。为发扬人均水田全国居首的优势，2017年5月15日，通河农民2 017人，同时在一块水田插秧，打破吉尼斯世界纪录，随后举办了通河大米高峰论坛，已于2015年取得了国家地理标志的通河大米享誉大江南北。

1995年，县委、县政府提出“实施小城镇建设拉动”战略，棚户区改造速度加快。县委和政府一届比一届力度大，基础设施建设逐步完善，承载功能逐步提高，管理水平越来越好，基本完成现代化城市框架结构。通河县委和县政府，为打造兴安岭下绿洲、滨江美丽城市为目标，努力创造适宜人居、适宜创业、适宜全面发展的优美环境。城镇规模由原来6.4平方公里扩展到12平方公里。

通河县小城镇建设从1986年起步，1991年初见成效，1994年形成规模。1995年，县委、县政府加大开发建设力度，呈现三年大见成效的可喜局面。之后2002年的“双七”工程（七万米白色路面、七万平方米棚户区改造），2003年的“双十”工程（十条白色路面，十项公益建筑），2004年的“双九”工程（九千平方米白色路面，九项基础设施），2005年的“双八”工程（八项基础设施和八项公益事业建筑），经过四年的努力，通河县城发生了翻天覆地的变化。69条沙石路全部硬化成白色路面，几百栋大楼拔地而起，江畔高层巍峨林立。大树进城美化环境，引岔林河水进城，城镇基础设施得到全面提升。城市连年植树、栽花、种草，形成一路一树，一街一花的美丽格局。县城建有四大主题公园和人民广场，沿江风景带的亲水工程，建有3 000米文化艺术长廊，有可容纳万人的水上航母广场。为打造滨江一流美丽城市、区域中心城市，城市功能不断完善，城市品位不断提升。

《国家“八七”扶贫攻坚计划》实施以来，通河作为革命老区，得到国家许多优惠政策支持，得到省市扶贫资金的扶持，人民的生活水平不断提高。通河原本是省级贫困县，自2005年至2009年，县委、县政府在全县率先实行“消除贫困，整村推进”战略，经过五年时间的努力，摘掉了贫困县的帽子。农民人均收入由1999年千元左右，2009年达到5 207元，2012年农民人均收入9 521元，到2016年已达到1.36万元，城市居民可支配收入达到2.15万元。改革开放以来，通河人民在县委、县政府领导下，继承发扬老区的革命传统，凝聚长期以来勇于攻坚克难的奋斗精神，形成了“超越自我，争创一流”的通河精神。几届县委始终坚持以发展经济、改善民生为中心，使城乡面貌日新月异。特别是中国共产党十八大会议以来，通河县的各项事业突飞猛进，在省市占位靠前。自2009年被评为全国文明县城之后，又先后赢得中国绿色县城、国家级卫生县城、全国绿化百佳县、全国水稻生产全程机械化示范县、全国粮食生产先进县、全省小城镇建设先进县、全省新农村建设先进县、全省平安县等荣誉。

2010年经黑龙江省批准，建设了省级经济工业园区，截至2017年已有40余家以绿色食品加工业为主的企业落地工业园区。自2012年，县委、县政府决策经济转型，绿色领航，大力实施绿色生态经济发展兴县战略。

2016年12月27日，通河县第十七届人民代表大会第一次会议政府工作报告，对未来五年发展目标做了具体规划。

未来五年，是全面建成小康社会的冲刺期，也是通河绿色崛起、振兴发展的关键期。新一届政府工作的总体目标是：深入贯彻党的十八大和十八届三中、四中、五中、六中全会精神，以县十五次党代会精神为指导，持力转型升级，聚力绿色发展，坚持生态立县。做大生态工业，打造绿色发展新引擎。做强现代农业，构建绿色发展新基地。叫响“通河大米”品牌，逐步打造全省最大的绿色、有机水稻生产示范县。狠抓林下经济发展。依托林业资源优势，以临山镇村和县属林场为重点，规模发展大果榛子，建成全国大果榛子生产加工基地。

做精全域旅游，叫响“时尚哈尔滨，嗨动在通河”旅游品牌形象，紧紧围绕区域旅游整体规划，对AAAA级铧子山森林公园、岔林河漂流、二龙潭国家湿地公园和乌龙国家狩猎场提档升级。加快亲水城市建设，要把通河县城建设成“花海城市”“森林城市”“特色旅游城镇”。

县委、县政府确定以“四大发展战略”为主攻方向，即创建“循环经济示范县、绿色经济先导县、休闲旅游闻名县、健康养老优选县”，为提前全面建成小康社会而努力奋斗。一个更加美丽、繁荣、全面振兴的通河，必将走向辉煌。

通河创造了值得骄傲的几项全国之最：一、人均水田面积10亩，居全国首位；2017年5月15日，成功创造了“最多人一起水稻插秧”破吉尼斯世界纪录；二、1987年从铧子山二甲沟采集到505克特大野山参，被称为“世界人参之王”；三、在松花江畔建有全国最长的3 000米书画艺术长廊；四、1966年，建成通河乌鸦泡镇至巴彦兴隆镇的窄轨森林小火车道，全长188公里为世界之最。

第二章　通河人民早期反帝反封建斗争

（1900—1931）

第一节　通河人民抗击沙俄的斗争

鸦片战争后，沙皇俄国乘虚而入。光绪二十六年（1900年）六月，沙俄随“八国联军”进入中国占据了东北全境。沙俄侵略军占领通河后，肆意烧杀抢掠，无恶不作，一些较大的村落惨遭焚毁。据史料《历史回眸》记载，劫后的崇古尔库站一片“村屯零畸，民户星散，自庚子兵燹后，地方凋残，村舍尽成丘墟，田畴鞠为茂草，人烟断望，商民交困”的凄凉景象。

1896年，沙俄通过《中俄密约》攫取了在我国东北境内修筑和经营中东铁路的权力。中东铁路是“中国东清铁路”的简称。1896—1903年间，以哈尔滨为中心，西至满洲里，东至绥芬河，南至大连，铁路由沙俄修建。为了进一步对东北地区进行侵略，沙俄和清朝政府又签订了租借中东铁路沿线林区为租借林的条款，开始疯狂掠夺东北的森林资源。1904年4月21日，中俄签订了《黑龙江省铁路公司伐木合同》，规定：“铁路局有权在（通河县）岔林河和浓浓河各自水源为址，长85公里、宽35公里的地区砍伐林木”。1908年，又签订了新的《黑龙江省铁路公司伐木合同》，把“通河县的采伐地改为岔林河自河口起朔河而上，长25公里，河东宽10公里，河西宽7.5公里”。还特别明确了沙俄有权“将应用富余之木植外卖”。沙俄以强欺弱，把伐过的林地退还中国，并以未伐之地补其足，疯狂掠夺，欺人太甚。

沙俄不仅在划定的林木地段大肆砍伐林木，还肆意破坏我森林资源。沙俄在通河各采伐区和岔林河口的木材集散地西绠派驻士兵看守，这些沙俄士兵在通河肆无忌惮、横冲直撞，到处骚扰乡民和驿站，打死打伤无辜百姓。沙俄的侵略行径，遭到了通河人民的强烈反抗，激起了全县各阶层人士的抗俄爱国热忱。

1900年4月，俄军一小队30余人携带枪炮，由哈尔滨往依兰押送鱼桶，途径崇古尔库驿站（今老站）休息时，公然抢夺民户枪械、金银首饰、衣服马匹，宰杀耕牛，逼迫百姓为他们做饭烧菜。酒足饭饱之后，他们持枪强暴妇女。在外敌暴虐面前，老站百姓自发地拿起钩杆铁齿、洋炮土枪，同沙俄士兵展开了你死我活的拼命厮杀，打死俄兵15人。余者逃到依兰向俄总管报告，俄总管闻讯大怒，亲率200俄兵向三站进发，并向三姓（依兰）副都统下了最后通牒：“誓血洗三站城，并烧毁房屋。”三姓副都统交涉局为维护民族利益，当即派出官方俄语翻译栗忠江随俄兵全权处理此案。俄兵赶到三站后，扬言要纵火烧毁全城民房和庙宇。正当俄总管下令“屠城”的关键时刻，栗忠江带领城内士绅及驿站官员，向俄总管据理辩解，强调杀死俄兵事件均系当地土匪所为，与城内百姓无关。在栗忠江的力辩下，俄总管才罢手收兵。通河人民不畏强敌，敢于和真枪实弹的俄国兵斗争，大长了人们的勇气。

1925年7月3日，通河县国民政府据理向省里要求沙俄偿还被占的林场，但俄国人置之不理。这年9月通河原森林有限公司40

多名林业工人，对俄国人的霸道和公司把头的欺凌、剥削极度不满，举行了大罢工，结果遭到无情的镇压。

第二节 人民反压迫、反剥削的斗争

民国时期，随着土地的开垦，封建土地剥削制度逐渐形成。人民赖以生存的土地，被一些有权有势的官僚豪绅以及富商依仗手中的权势和资本，采用各种手段攫取。有的地主、富农占有土地几十垧，甚至百垧以上。几乎每一个村内都有一两户地主。他们除了自种一部分外，大部分出租，靠租佃收入。地主利用土地剥削农民的手段主要是粮食分租法：即地主出土地，垫口粮、种子、牛犋，让佃户耕种，秋后按粮食总产量六四分成，地主得六成、佃户得四成。有的按七三分成。此外，地主剥削农民的手段还有耪青法和雇佣农民打长工、打短工（人称扛大活）。地主还放高利贷，盘剥农民的血汗。再加上水旱天灾濒临，兵匪猖獗，名目繁多的苛捐杂税，劳动人民群众吃穿无着，在饥寒交迫中挣扎。

据《通河县志》记载，1910年、1911年、1912年、1914年、1919年、1922年、1924年，连续江河泛滥，吞没大片良田，或久旱无雨，或遭受虫灾、雹灾。遭灾歉收地区的农民，以草根树皮充饥，有的村屯十室九空。而封建统治者却不顾人民的死活，仍旧横征暴敛，官府巧立名目，苛捐杂税层出不穷，捐税成了套在人头上的枷锁。1925年6月通河平民贾盛海聚众70多人，到县政府抗拒捐税未得到答复，愤怒的群众一举砸毁了税局。

封建统治阶级的残酷剥削和压迫，激起通河地区民众的强烈反抗。据史料记载：1916年5月29日，县城江边官盐局门前三四百乡民，向前来镇压的军警控诉盐局销售食盐短斤少两、提高盐价等罪行。官盐局勒令军警驱散众人，乡民大怒，砸开盐局抢走食盐100余袋。随后，又有乡民200余人手持木棒前来理论，同军警发生冲突，将1名军人打伤，步枪被砸断，6名乡民被捕入狱。5月30日，浓河镇官盐分卡被千余乡民抢走食盐300余袋。此后，木兰、方正、巴彦等县也相继爆发了几万人参加的抢盐风潮，迫使吉黑榷运局（民国初官方所设掌管盐专卖专运的机构）将官秤改为市秤，并降低了盐价。[①]

第三节　奋起反抗　杀富济贫

在帝国主义的侵略和封建统治阶级的残酷剥削压迫下，人民穷困潦倒，再加上连年的天灾，兵匪的掠夺和骚扰，贫困饥饿民众被逼上梁山，落草为寇，铤而走险，民国时期匪徒四起，打砸抢事件时有发生，社会极不安定。在这些匪徒中，有很多是所说的官逼民反走上这条路的。他们杀富济贫，专选那些大财主，专门打击那些反动的官僚衙门（当然也有打家劫舍，骚扰民间的）。很多绿林好汉在日本帝国主义侵入东北时，加入了抗联队伍。

1918年至1931年间，在通河一带活动的有“天龙”“黑虎”“飞龙”“占江龙”“滚地雷”等绿林武装。他们有的与封建统治者直接对抗，攻城夺寨，杀富济贫；有的投入到抗击外来侵略者的队伍之中；1918年，“滚地雷”（首领谢洪生，后来参加了抗日联军）率队攻下浓河镇警察所。1921年8月29日，“天龙”“黑虎”“占江龙”等400多马步兵队伍攻进县城，击毙军

①《通河县志》第13页。

警6人，砸开监狱，放出所有在押人犯，烧毁监狱、县公署。劫去官银号和商款200余万吊，绑走商票5人。1923年5月，“飞龙”“朝阳”队伍在城乡抢掠大户，接济穷人。1923年12月3日，凤山镇驻军40名士兵哗变，锋芒直指反动的统治阶级。1926年11月14日早，“天德”“平西”“双山”“占江龙”四支队伍联合在一起600余人攻进县城，同守城的步兵及公安局警察激战，打死军警多人。①

第四节　党领导下的秋收暴动

（一）通河建立中共特别支部

1921年中国共产党成立后，在党的领导下，东北人民反帝爱国斗争进入了新的阶段。1927年10月在哈尔滨成立中共满洲省临时委员会，同年，中共中央派一些在南方参加革命的党员到东北开展土地革命和建立苏维埃政权。1928年夏天，中共党员崔庸健（化名金治刚）、文昌斌和金再渊（均是朝鲜族）受中共北满省委派遣，深入到通河县东部清河地区朝鲜人聚集的村屯开展革命活动，发展党员，组建通河县地方党组织。之所以进入清河地区，一是这里是朝鲜族居住的地区，语言上的沟通便于开展工作；二是这里大批朝鲜族民众受到的阶级压迫、剥削最深，阶级斗争尖锐。几位党员的到来，如几把火炬，点燃了通河东部地区人民反压迫、反剥削、争取生存权利斗争的烈火；他们宣传的共产主义思想有如缕缕阳光照亮了贫苦百

崔庸健

①《通河县志》第15页、16页（大事记节录）。

姓的心田，给劳苦大众翻身解放带来了希望的革命火种。

崔庸健到通河后化名金治刚，和这里的共产党员、日本早稻田大学毕业的全东元（原名崔水平）及从间岛（相当于今吉林延边地区）追随全东元而来的朴哲浩（后来参加抗联）取得了联系。同年秋季，张世振手持中共朝鲜族上海负责人洪南朴出具的组织关系，回到家乡通河与金治刚等人与组织取得联系。这六位朝鲜族青年，都具有较高的文化知识和共产主义思想觉悟，他们以教员身份或农民身份做掩护，在清河一带从事革命宣传，秘密发展党员，进行组建地方党组织工作。他们利用晚间秘密举办农民运动讲习所，教农民识字，讲社会发展史，介绍苏联十月革命打倒地主和资本家，建立苏维埃政权的革命经验；讲述中国共产党领导的南方工农起义、北伐战争和蒋介石叛变革命的事实，并结合自己的亲身经历宣传广州起义及其重大意义。告诉广大农民只要大家团结起来革命，才有好日子过。后来，根据组织分工，金治刚带领两名同志到西北河小学任教。白天，他们给学生上文化课时，潜移默化地向学生们灌输爱国主义和共产主义思想；晚上，他们把村里的男女老少请来，向他们宣讲马列主义，教唱革命歌曲。他们还利用晚上用油印机印《通河县反对帝国主义大同盟》传单，发动进步群众向外面村屯散发。为了扩大宣传效果，他们还发动进步青年自编自演一些反映朝鲜同胞受日本侵略者蹂躏、四处漂泊、凄惨生活的文艺节目，唤起群众对日本帝国主义的仇恨。经过金治刚、全东元等人一年来的宣传教育，清河地区世代贫苦的农民，懂得了受压迫受奴役的命运必须通过斗争来改变，人民可以成为社会主人的道理。一些农民对共产党有了深刻的认识，纷纷要求加入中国共产党。黄润秀、崔日（崔琴锡）、吴日成、金进守、金一珠等30名同志相继加入了中国共产党。1929年，在二道河子村（今清河村）成立了中共通河支部，选举全东元为书记，金治刚、文昌斌、朴哲浩、金再渊、张世振为委员。支部下设田绍武农场的新公司党小组，组长崔日；西北河党小组组长金治刚。同时，建立了共青团通河支部，支部书记朴哲浩。还组建了通河县反帝大同盟、农民协会、妇救会和儿童团等反日团体。

1930年9月，根据中共满洲总行动委员会指示，通河党支部改为中共通河特别支部，由北满特行委领导，书记、委员没有变动，特支设在大古洞村，接受汤原中心县委领导。

（二）秋收暴动

19世纪20年代，清河地区早期先后有汉族黄、鲁两家地主招募大量朝鲜族农民为其种植水稻，后有大地主田绍武廉价招募朝鲜族人开办农场种植水稻，还有朝鲜人、日本人间谍柳东悦和兄弟柳东云（金东山）开办的两个水稻农场，这三家农场垄断了通河东部的大片土地。1925年统计，来通河的朝鲜族农民达350多户，共1 700多人。他们为三大农场三益堂稻田公司、阜通稻田公司和田绍武农场卖苦力。农场主利用“耪青法”，从农民身上榨取血汗。农民受尽了苦难，有的走投无路，家破人亡。农民中孕育着强烈的反抗力量。

1930年9月10日，中共北满特行委（哈尔滨行委）派党团员到通河、依兰、宁安、珠河等地农村巡视指导，准备“秋收暴动”[①]。通河特支根据北满特行委的指示精神，决定从揭露阜通稻田公司、三益堂稻田公司、田绍武农场剥削农民的罪恶入手，组织农民起来同农场主开展减租减息斗争，准备秋收暴动。

阜通稻田公司位于大架子村（今大古洞村），是柳东悦伙同黑龙江省省长内弟、通河县前任县长张文鹗、奉军团长路砚田，于1922年2月，在清河大古洞一带开地兴办的农场。

①据《通河县志》第353页，“组织沿革”记载。

1930年9月12日，阜通公司出动四辆马车往村里檀星小学操场运送小麦，准备在操场打麦子。时任该校教员的特支书记全东元和共产党员吴日成，当即组织学生把拉来的麦子扔出操场。公司闻讯后调动80多名公司护勇冲进学校，鸣枪动武，殴打师生，激起了农民的公愤。特支利用这一时机，发动农民开展对农场主柳东悦、金东山的斗争。经过党团员的串联，全村农民手持农具包围了操场，和护勇队展开了搏斗。

第二天，特支以农民协会名义组织学校师生罢教罢课，召开农民大会，愤怒声讨公司强占操场，打伤无辜学生和残酷剥削农民的罪行。批斗、处死了掌管三益堂农场事务的二地主白洛永夫妇。第三天，农民协会召开大会，围攻公司。县公安三分局派6名警察前去镇压。愤怒的群众处决了公司狗腿子，特支开会决定继续围攻公司，并由全东元、崔日、吴日成和李太厚代表斗争队伍出面同公司谈判，结果斗争代表被公司扣留。特支立即实施第二套方案，由妇女儿童围住公司大门高喊口号佯攻，然后组织青壮年趁公司护勇分神之机，从侧面越墙进院打开大门，斗争的队伍涌进院内，解救了被扣押的同志。公司看到斗争的队伍来势凶猛、人多势众，只好答应了农民提出的要求。保证今后不占用学校操场，不再以变质的小米换农民的大米，废弃“耪青法”，农民可以租地纳粮，取消了农户的3万余元的高利贷债务，销毁了借据，把库存的100余石大米当场无偿地分给了农民，群众生活得到了改善，斗争取得了初步胜利。

（三）斗争日本走狗金东山

1930年9月14日，中共特支趁热打铁，决定去县城斗争日本走狗金东山，扩大秋收暴动的成果。

金东山（即柳东云），朝鲜族，日本医学院毕业。日本占领朝鲜后流亡到中国，1918年到通河地区行医，加入中国籍。被日本人收买后，充当了日本特务，伙同胞兄柳东悦，依靠朝鲜总督府和日本领事馆在清河地区兴办三益堂和阜通稻田公司。在县城开办朝鲜族“养镇学校”和“松江医院”，为日本领事馆供应大米、提供情报。

1930年9月17日，特支带领斗争日本走狗金东山的群众队伍从大古洞村出发，一路上汇合了二道河、西北河等村屯农民共300多人，徒步向70多公里的县城进军。在二道河子处决了金东山的心腹、日本特务、三益堂稻田公司二地主、朝鲜族养镇学校校长张白波。

18日，队伍由东南门冲进县城，排成四人横列，打着红旗，扯着“清算日本走狗金东山”横幅，高喊“打倒日本满蒙开发队三益堂”“打倒日本帝国主义及其走狗金东山、柳东悦”的战斗口号，散发写着“通河县反帝大同盟”五颜六色的传单。顺沿江大街示威游行到西南门，然后返回到南北大街直奔县公署。县城的市民齐聚街头围观，支持暴动的群众也加入了队伍。

当他们得知金东山藏匿在驻军团部后，愤怒的群众砸毁了金东山开办的松江医院，冲进医院的库房和金东山的住宅，把医疗设备悉数捣毁……要求县公署交出日本走狗金东山。刚上任的县长张仁序假意让群众派出3名代表，将斗争的群众骗进共和茶园（戏园子），派军警封锁了茶园的一切路口，3名代表也被关进监狱。三天后，愤怒的群众砸开茶园，冲上大街，和上前阻拦的军警发生了冲突，黄启山等3名群众被军警开枪打伤。人们背着受伤的战友再次包围县公署，县长用武力将暴动群众又押回茶园。为保护金治刚，特支利用伪县政府允许3个人给一个出门证的条件，推选崔圭复、李英根（女）护送金治刚离开茶园，赶赴汤原中心县委汇报暴动情况。

24日，伪县长又扣押了全东元、金再渊等13名留下“解决问题”的代表，其余的被骗到船上驱除出境，后遣散到新甸、木兰、巴彦、哈尔滨等地。

10月9日，特支书记全东元等人在狱中坚持斗争，向县长写信申诉日本灭亡朝鲜，并进一步侵略中国的野心，揭露了日本开发队代理人金东山充当日本间谍、偷买中国土地的罪行，打动了一些有民族觉悟的官吏。省政府通过省府咨议、通河籍人士许常英来通河查证核实了三益堂稻田公司生产的大米每年都送交到日本领事馆，金东山和柳东悦实为日本特务证据后，省政府追究了前任县长张文鹗私卖土地的渎职责任，电令通河收审金东山，以“妨害秩序”的一般性案件处理了这次政治暴动，释放了被关押的部分群众代表。全东元、金再渊、张琴声、吴一星4人定为首犯继续关押。后来由县里知名人士方忠汉、桂华集、申大元等联名保释，才得以自由。

县长张仁序因辖区发生暴动事件于当年11月被免职，从此金东山经营的三益堂稻田公司和他兴办的所有企业一蹶不振，很快倒闭了。①

第五节　日特金东山勾结国民政府镇压共产党人

国民党中央秘书处第1087号函，将秋收暴动一事“批交国民政府抄验”。国民党中央政府闻讯后不顾事实真相，把大地主柳东悦、金东山与暴动群众混为一谈，胡说通河暴动“是共产党与共产党之间互相散发传单，煽动人心”。为奉中央宣传部转请令饬：“驱逐通河县韩共分子，并羁绊已获之金东山和在逃之柳东

①本节资料引自中共通河县县委党史研究室保存的《关于1930年通河东部地区“秋收暴动”的资料》。

悦，以弭隐患”。国民政府虽收审了金东山，不仅没有细审深究金东山，后来还将其以“系良民”为由无罪开释，对柳东悦在逃也不追不问。[①]

金东山获释后和国民政府串通一气、狼狈为奸，变本加厉迫害暴动群众，大肆捕杀共产党人。1930年9月28日，金东山向省政府告密：“去年由阿什河（阿城）新来朝鲜族青年五六人住到大古洞，这五六名党魁全东奎（全东元）、金芝冈（金治刚）……已经赤化的党徒……不可枚举……”[②]省政府电令通河：“令拿共匪为要，切勿漏脱。”县公安局长荆殿武率领军警星夜赶赴大古洞、二道河子和西北河屯按户搜查可疑群众，拷打逼问，令其交出组织名单和文件。群众感谢共产党的恩德，虽被打得遍体鳞伤，仍守口如瓶。气急败坏的军警、敌特放火烧了大古洞学校，在西北河屯逮捕了党员林风善爱人李顺道，严刑逼供，令其交代共产党员的名单。李顺道坚贞不屈，被敌人打死在监狱。

全东元、金再渊等人全面分析和研究了这次秋收暴动的经验教训，经请示中共汤原中心县委，将没有撤离的党员和党的积极分子全部调到山上游击队，这一决策，挽救了不少党员干部和暴动骨干。而全东元早已将自己生死置之度外，给亲人写了绝笔信。一天，他和吴日成从西北河回大古洞村的路上，被埋伏在路边的七八个金东山爪牙用事先准备好的辣椒面扬在了脸上而不幸被捕，全东元被判处有期徒刑15年，吴日成被判有期徒刑10年，前期被捕的康龙奎、崔日和张琴声等15人被判有期徒刑5年。

---

①县档案局永久卷615号《为韩侨文昌斌的率领群众晋于暴动情形由》。

②县志办存伪满档编77号中金东山《受韩人诽谤实属冤枉并述其反动情形》。

特支委员张世振从阿城北满特委处开会返回清河后，在汤原中心县委领导下，一方面发动群众筹款营救被捕同志；一方面走访安慰被关押同志的家属，处理暴动的善后事宜。党员康龙奎、崔日和群众李太浩等人被营救出狱。李仁兴、李宗陟、李宗善3人在路上被金东山派人杀害。全东元、吴日成，直到1932年的通河保卫战中，马占山部老五团攻进县城，才得以出狱。

后来，秋收暴动的组织领导者之一金治刚（崔庸健）参加了抗联，护送崔庸健去汤原的党员崔圭复于1933年和未婚妻石光信不幸被捕，牺牲在汤原。日本投降后，崔庸健回到朝鲜后担任朝鲜民主主义人民共和国最高人民会议常务委员会委员长。

通河特支领导的秋收暴动，由于党组织初建，斗争经验不足，特别是受党内“左倾”路线的影响，遭受到比较大的损失，党组织遭到严重破坏。但它揭露了日本帝国主义即将发动侵略中国东北的阴谋，拉开了通河县人民反抗日本军国主义侵略斗争的序幕。在通河大地播下了革命火种，使人民懂得无产阶级只有团结起来去勇敢斗争，才能获得自身解放的希望。秋收暴动打击了几家农场主的嚣张气焰，对农民做出了一些让步，斗争取得了一定成果。饱受压迫、剥削的民众反抗力量，也危及了国民党反动政权在地方的统治，震动了国民党朝野。

第三章 通河军民在日伪统治时期的斗争

（1932—1945）

1931年9月18日晚上，日本驻中国的侵略军——关东军，突然炮轰沈阳的北大营，由于蒋介石采取不抵抗政策，十多万东北军撤到关内，日本关东军长驱直入，占领了东北三省大部分城市，很快东北三省全部沦陷。这就是当时震惊中外的“九一八”事变。“九一八”事变激起了全国人民的抗日怒潮。各地人民纷纷要求抗日，反对国民党政府不抵抗政策。在中国共产党的领导和影响下，东北人民奋起抵抗，开展抗日游击战争，先后涌现出东北义勇军等各种抗日武装。1932年2月5日，哈尔滨沦陷。4月底，日本侵略军利用松花江开江的便利，派军舰向江下游各市县发起疯狂进攻。4月30日，日军进攻通河县城，受到通河军民的顽强抵抗，同日本侵略者展开七昼夜的攻城战斗，击毙300多日军。

第一节 七昼夜通河城保卫战

1932年4月29日，日军内田大佐和投降的黑龙江省伪江上军司令尹祚乾率领第六十一炮舰联队10余艘战舰、1 000余名日伪军，在空军的掩护下，从哈尔滨出发，顺江而下停泊在距离通河县城西南9公里的大白水，一面向通河县城开炮炫耀武力，一面派人入城诱降。当时，在通河驻防的有两支部队：一支是驻守在蚂螂河的黑龙江省步兵马占山部下第三旅第五团400多人，团长吴凌汉；另一支是驻守在三站的黑龙江省步兵第四旅600余人，旅长焦景彬（少将军衔），人们习惯地称之为焦旅。大敌当前，闻讯赶来参战的有义勇军、各乡镇的大刀会等抗日军民近千人，聚集在两支部队的周围，决议要和日军决一死战。五团吴团长是一位深明民族大义的爱国军人，三十几岁。他的部下军纪严明，士气高昂。战士们个个戴着“天良救国誓死杀敌”的袖标。在参加县府召开的紧急会议上，面对日本诱降的说客和公安局长荆殿武等投降派，吴团长拍案而起，大义凛然，斩钉截铁地说：我作为中国军人，唯知守卫国土，抵抗外侮是其天职，即使为国捐躯，也不能俯首投降！迫使日本军的说客灰溜溜地离去。之后吴团长邀请焦旅和民众武装头领协商统一领导 、协调作战事宜。根据敌强我弱的形势，决定还是先撤出县城，然后根据敌人站脚未稳之际，采取灵活机动的战术消灭敌人，夺回县城。可是被通河人称作“焦秧子”焦旅焦景彬，面对强敌心生动摇，谎称军饷不足，参战困难。县长路克遵将官银号仅有的6 000吊江钱批给他，但在通河保卫战中，他部下的士兵虽参加了战斗，一贯吃喝嫖赌的“焦秧子”也没到阵前指挥。几年后，这个“焦秧子”竟带领部下叛变，投到日本人怀抱。

日军炮艇逼临城下，为了消耗日军炮火，老五团官兵派一支部队在县城西姚家屯和老道庙中间的树林里遍插醒目旌旗，摆放穿军装的草人，以作疑兵，诱敌轰炸。4月30日凌晨，内田大佐在望远镜里发现县城西边岔林河一带旌旗飘动，人影匆匆，急命开炮。一个小时之后，炸毁全部怀疑目标，日舰驶进通河码头。5月1日，通河县政府县长路克遵、公安局长荆殿武等人在民族危亡时刻，畏敌如虎，率领县府官员、城内士绅向日军投降。日军进城后，关闭城门，控制各个街口，残忍地屠杀城内百姓。其中，老五团留守处七八个战士和城里较有名望的士绅卢寿辰父子，都以通匪济匪惨遭杀害，尸体被扔进松花江。五团官兵听到日军的暴行后悲愤不已，纷纷要求迅即杀进通河城，替死去的战友和父老兄弟报仇。吴凌汉团长一面邀约焦旅和民众武装商讨共同对敌；一面派副团长张兴华化装连夜进城侦察敌情。张副团长完成任务出城时，被日军哨卡堵住，暴露了身份，他击毙两个日兵后，不幸身中数弹牺牲在城里。

5月2日凌晨，吴团长亲自率领五团官兵，攻破北门冲入城内。跟随五团作战的焦旅士兵及民众武装的勇士们挥舞钢枪、大刀、长矛一路向敌人勇猛砍杀，日伪军一时摸不清真相，丢下百余具尸体，败下阵去。同日下午，联军与日军展开了巷战，接连突破日军两道防线。日军在巷战里无法使用重武器，再加上不熟悉地形，被联军打得晕头转向、死伤惨重，退到南江沿小白楼据守。

小白楼

小白楼是城里唯一的高大建筑，一时成了双方激烈争夺的焦点。龟缩在小白楼里的日军在炮舰炮火支持下，凭借精良的武器，多次组织反攻。五团、焦旅全体官兵和上千名民众武装同仇敌忾，和入侵者展开了惨烈的拼杀。城外各乡村的抗日群众纷纷赶来助战；城内士绅和百姓不顾个人安危，将干粮和煮熟的鸡蛋送到阵前犒劳军队。在爱国民众的支持下，五团、焦旅和民众武装的士气大增，战斗从5月2日凌晨一直打到3日傍晚，整整打了两天一夜。

5月3日晚，吴团长见小白楼久攻不下，焦旅的士兵提前退出了，他亲自率队攻打，不幸中弹牺牲。吴团长在弥留之际，嘱咐战友：没有国就没有家，要和敌人拼到底，把侵略者赶出去……这时敌人反扑过来，代理团长、少校团副崔荣生组织反击。激战中，副官闫喜庆、司号长、传达长接连牺牲，中尉副官蒋保臣、吴锡章均负重伤。五团官兵伤亡很大，只好连夜撤出县城。

5月5日凌晨，经过短暂休整后，崔团长联合焦旅和民众武装进行第二次攻城。为牺牲的团长和战士们报仇的火焰在战士们胸中燃烧，他们把生死置之度外，奋勇冲杀。有的士兵子弹打没了，用刺刀挑、用枪杆子砸敌人。日军扔下十余具尸体狼狈逃回小白楼。战士们用炸药包将几处制高点炸飞，直逼小白楼。日军看形势危机，退到舰上，用重炮向城内狂轰滥炸。傍晚，日军炮火将沿江一条东西长3华里的繁华商业区炸成废墟，几十家商铺、货栈、粮店化为灰烬，千余间民房被焚毁，300多名平民丧生。

5月7日上午，五团又组织600余名联军战士发动了第三次攻城。五团率先杀入县城。他们一面迎敌，一面抢救惨遭战火的百姓。日军经过连续多日的激战，兵力和弹药消耗殆尽，又无从补充，被逼到江沿工事做最后抵抗。经过联军的勇猛冲杀，日军又扔下40多具尸体，逃到舰艇上。联军进城砸开监狱，释放了包括中共通河特支书记全东元、委员吴日成等人及所有政治犯，放火烧毁了监狱。同日下午，日军大批援军到达，强攻县城，部分焦旅官兵闻讯逃走。五团和民众武装以及焦旅中主动留下来的100余名爱国官兵同日本侵略者展开了殊死拼杀，最后被迫撤出县城。

通河城保卫战是“九一八”事变后，继马占山嫩江江桥抗战之后又一次较大规模的抗击日本侵略者的战斗。战斗中，五团、焦旅和地方抗日志士在民族危难之际，英勇顽强地同日军苦战七昼夜，三次攻打县城，两度驱逐日军，歼敌300多人，给骄横一时的日本侵略者以沉重打击，也给通河人民对日作战以巨大鼓舞。在保卫县城战斗中自己也付出了重大伤亡。老五团团长吴凌汉、副团长张兴华以及五团、焦旅和通河民众武装400余人为国捐躯、300余名无辜百姓在日军的烧杀、轰炸中罹难。这些为国捐躯者，很多人没有留下他们的姓名，然而，他们勇赴国难、捍卫民族正义、英勇杀敌的精神，永远活在通河人的心中。

在通河城保卫战中，县长路克遵原本是支持驻军守卫县城的，在驻军与日军战斗中，他看到守城无望，但他在老五团官兵和民团武装英勇杀敌的感召下，不肯在日本人鼻息下为官。在5月4日晚弃官出逃。临走前，担心县府文件落入日本人手里，焚烧了县府所有重要文件，不告而辞带着官印悄悄溜出县城出走，此人以后不知所终。而积极主张投降的警察局长荆殿武，害怕日军因遭到通河军民的重创找他算账，私自在官银号提款后溜之乎也。

通河城保卫战失败后，5月11日，日军数艘战舰驶进通河港，日军三十九联队第三大队进驻县城，从此通河沦陷。此后，通河大地义勇军揭竿而起，日伪政权不断受到义勇军和东北救国军的袭击，终年无有宁日。

第二节　日军残暴屠杀的罪行

1932年5月11日，日本关东军小林队长指令崔作智代理通河县长，从此通河沦陷，通河人民饱受日本法西斯十四年的残酷统治。

日本关东军进城后，在各十字路口设卡。除了把五团留守的8位士兵和卢寿辰父子投入松花江外，制造了无数起骇人听闻的血案，犯下了不可饶恕的滔天罪行。城门和城内电杆上挂着血淋淋的人头，恐怖气氛令人惨不忍睹。他们用铁丝把对日军稍有不满的人胳臂拧上，三五人一串，往江里推，有的用机枪扫射致死。蚂螂河村民张喜山进城探亲，路过日军司令部小白楼，被活生生砍下两条胳臂致死。一些年轻妇女被吓得钻炕洞、藏柴垛、进菜窖，或逃往乡下。40多岁的郑兴媳妇被一群日本兵糟蹋后，当晚悲愤上吊自杀。

（一）菜窖血案

1932年5月11日，日军的兵营驻在县城东南的文庙。有些妇女、老人躲进附近大菜窖里，13日这天早晨，日军发现菜窖有人出入，便把这情况报告了长官。一伙日本兵堵住了菜窖出口，丧心病狂的日本兵扔进点燃的柴草、木栟子和手榴弹，残忍地把100多名妇女、老人和孩子活活地呛死、炸死，惨案震动了通河城乡。之后的5月15日，在另一处菜窖，日本兵用同样的手段，把菜窖里的37人烧死36人，只有一人免于罹难。同年的8月9日，城郊的城西村赵文亮3家21口人，也活活被日本兵烧死在菜窖里。

（二）兰家大院血案

日军占领通河后，有的人为了免遭杀害，跑到乡下避难。城东北大兴屯北有个兰家大院，高大的院墙四角有炮楼。与兰家有些来往的便躲藏在兰家大院。1932年7月5日，一队日本骑兵以搜剿“马胡子”为由闯进大院，看见兰家炮手孙老蔫身挂匣枪，将躲在这里的25个男人当作“马胡子”，赶进东厢房墙下，用机枪射杀全部致死。顿时鲜血飞溅，尸体成堆。屠杀后又用柴草将尸体焚烧，兰家大院所有粮食财物化为灰烬。只有兰家的短工王二谰，趁机藏进鹅架，保住性命。

（三）日军屠杀义勇军战俘

1933年秋，日军同义勇军吉星山林队、霸天队战斗中，采用诱降的办法，将160多人从战场上带回通河县城，住在长发店，并说以收为伪军为名，来麻痹这些人的斗志。吉星、霸天两队的首领先后逃出了魔掌，给敌人造成很大恐慌。敌人看到这些被俘人员表面表示投降，可内心不服也在计划逃跑，他们怕以后成为祸患，便决定消灭这些战俘。这年10月，日军假借去祥顺向阳川“讨伐”为名，用两辆汽车把40余名战俘拉到向阳川侯家大院房后的柳条通，5个一串捆起来，全部用机枪杀害，鲜血四溅，尸体遍地，只有一名幸免一死。

日军枪杀一批战俘后，回来后对其他战俘谎说他们已编入伪军到下江受训去。但战俘被杀害的消息还是被大家知道了，很多战俘认为与其坐以待毙，不如及早逃跑，在他们预谋未付诸行动时，日军就下了毒手。12月一天午后，50多个荷枪实弹的日本侵略者，把73名战俘用铁丝5个人一串绑起来，用汽车拉到通河县城的东沙沟子，集体枪杀后，推进事先凿好的冰槽子、冰窟窿里，制造了骇人听闻的东沙沟子惨案。后又在西门外杀害74人，两支200余人的义勇军，被日军残忍杀害。[1] 1935年秋天，“占北”“合好”两支义勇军消灭了陈金山的汉奸队伍，声势大振，

①伪满档案《地方事情 通河县情况》第十章记载。

队伍不断壮大，成了日军的心腹大患。他们调兵遣将将义勇军包围在乌拉浑沟里，76名义军被俘。敌人把这些人押到通河城里杨家店，日军也欣赏这些有骨气的中国人，想在这些人中挑选一些充实伪军，好吃好喝招待着。可是经过十多天的接触，发现这些战俘内心仇恨日本人，要他们效忠日伪政权是不可能的。为了防止后患，决定斩草除根。于是在6月初的一天午后，将这些人带到县城东门外参拜“忠灵塔”。在经过通河镇大街时，面对死亡的战士们，高昂着头颅，大声说：我们没有把日本侵略者赶回东洋去，你们要接着干！到了修建在江边的“忠灵塔”后，敌人要他们跪拜“忠灵塔”内战死的日本亡魂。战俘一个个怒目而视，坚决不跪，日本士兵便把战俘踹倒，战俘又站起来，再踹倒，再站起来。日本士兵无计可施，把战俘押到江边，架起机枪，随着机枪的吼叫声，战俘们倒在血泊中。个别会水的主动跳进江水里免遭一死。日军为了灭迹，把被打死的70余具尸体推进滚滚的松花江。①

（四）高铭三两手沾满人民的鲜血

日军占领通河后，善于钻营的高铭三，死心塌地效忠日伪政权。日伪当局先后委任他为县警察大队长、治安队长、森林警察大队长，他两手沾满人民的鲜血。1934年3月，抗日义勇军袭击凤山森林警察队时，高铭三奉命率队增援森林警察队。赶到时，义勇军已经撤退。他担心日本人追查责任，便吩咐人烧毁了伐木工人及上山倒套子农民的房屋，抓来一些工人和农民，威胁他们承认和抗日义勇军有联系，追问抗日队伍的去向。人们宁死不讲，高铭三一怒之下，开枪打死打伤30多名无辜的工人和农民。

大楞场血案，也是高铭三一手造成的。1936年1月，抗联三军在赵尚志的领导下，横扫通河北部山区，使得通河、凤山两地

①见顾绍成著《抗联英灵血染忠灵塔》。

的日军胆战心惊。急忙调遣兵力3 000多人进行“围剿”。但基于抗联三军的浩大声势，迟迟不敢进山，直到2月，听说抗联已经撤出凤山，在高铭三的带领下才进山。敌人进山后，把各木场的伐木工人和套子户200多人，集中到凤山县大楞场。威逼他们说出谁是抗日队的，谁私通抗联，谁把赵尚志引进来的。他们说不知道，说不上来。高铭三气急败坏地和日本人说，这些工人和套子户都和抗日队私通……日本兵一听大怒：随即架在楞场边的几挺机枪一起射击，工人和农民成排倒下，血染大楞场，200多名无辜群众惨遭杀害。

日本军国主义者视杀人弃如草芥，夺去许多善良中国人的生命。在长达十四年的统治中，日伪政权对抗联、义勇军和反日民众的屠杀、迫害，其手段之狠毒，令人发指；其惨案罄竹难书。

第三节　通河特支开展抗日救亡活动

（一）发展组织，开展抗日救亡活动

1932年2月，中共通河特支派员参加了汤原中心县委召开的各区委和支部会议，会议听取了中共满洲省委“关于全党动员和组织广大群众起来抗日救国”的指示，为抗日救亡活动指明了方向。通河特支虽然在秋收暴动中，遭到严重破坏，党的组织一度瘫痪，但在1932年5月初，通河保卫战中，老五团和焦旅三次攻打县城，砸开监狱，解救了所有政治犯。特支书记全东元和吴日成等共产党员，回到清河地区恢复了党的组织，继续开展抗日武装活动。为扩大反日同盟会组织，特支决定在清河、祥顺、三站、蚂螂河等地，建立联络站。联络站负责发展建立抗日组织，还要做好同汤原游击队的联络工作。

这年9月，中共汤原中心县委派特派员张根浩（张玄杰）来通河整顿党组织，将通河特支改组为中国共产党汤原中心县委通河区委会。全东元为区委书记，张根浩、张世振、崔日、李永峰、金光熙、金宽永、金永俊等7人为区委委员，有24名党员（其中3名为汉族），区委会设在西北河村东的炮台屯。在于贵林屯设立1个党支部，5个党小组。区委会起草了《反帝同盟宣言》，整顿了各村屯的反日同盟会组织，发展会员150多人，其中汉族60人。还建立了农民协会、妇女会、共青团、儿童团等群众组织。党团员深入各地向人民群众宣传中国共产党抗日反蒋宣言，揭露日本帝国主义侵略阴谋和国民党反动派卖国投降的罪行。这年夏末秋初，满洲反日总会党团书记冯仲云，组织哈尔滨市一中学生以假期旅游名义，乘船来通河进行反日宣传，使党的反日主张更加深入人心。通河区委和团委组织党团员秘密潜入通河县城，把从汤原转来的宣传品，用复写纸复写，用毛笔写，把宣传品传单贴在大街两边的树上、电线杆子上。大古洞村18岁的黄弼秀，化装成小猪倌，背着传单徒步走了70多公里，在天色傍黑时潜入通河县城，夜里把反日传单，贴满了全城。连日本军营也让机智的黄弼秀把传单和砖头捆在一起扔进去，搅得他们惊恐万分。

中共通河区委在汤原中心县委的领导下，做了大量宣传和组织工作，他让人们看到了希望，鼓舞了人民的抗日信心，各地燃起抗日烽火。

1933年1月26日，中共驻共产国际代表团以中共中央名义发出《给满洲各级党部及全体党员的信》(《一·二六指示信》)，迅速纠正“左倾”错误给下江地区党组织造成的严重损失，省委主要负责人冯仲云对汤原、通河党组织开展抗日活动情况进行了实地考察。7月25日，中共满洲省委根据调查情况给汤原、通河党员一封指示信，要求马上建立汤原、通河、萝北三县的县委。省委军委书记吉密（胡世杰）和满洲总工会负责人、中共下江特委书记王雅堂亲自到汤原、通河两县落实省委来信的指示精神，创建人民抗日武装，开展武装斗争。全东元参加了这次会议，会后他和金大洪、金忠来、张相龙等人一起成立了由20余人组成的通河县山区武装抗日游击队。全区建立4个党支部，在区委的领导下，发动各村的反日同盟会、互济会、农民协会、共青团、妇女会，为抗日游击队送粮、捐款、送情报，有力地推动了全县抗日活动的深入发展。

（二）在日军"肃正"中，党组织受到严重破坏

正当通河区委推动抗日的大好形势发展的时刻，党内出现了叛徒。日本侵略者进行了所谓首次"肃正"，使通河党组织再次遭到严重破坏。1933年8月上旬，党员李遇元因生活腐化问题，区委对他进行了批评教育并给他留党察看的处分。但他不思悔改，串通他姐夫区委委员张世振一起叛变革命，出卖了组织情况。8月27日，日本关东军和县警察大队200余人，开始首次"肃正"大逮捕。枪杀了于桂林屯的党支部书记崔日、共产党员李先末和儿童团员金永福，逮捕了崔昌俊、金钟国等27名党团员和抗日爱国群众。敌人在大古洞村把人抓走后，放火焚烧了房屋。27名共产党员和抗日群众被押解到通河江边小白楼日本宪兵队，惨遭各种酷刑。当年冬天，共产党员金永俊、共青团员金永禄、少先队员金运善兄弟3人被日军用铁丝捆绑，塞进松花江冰窟窿。其余洪石俊等24名朝鲜族、汉族党员和抗日爱国群众，被拉到通河县城西南门外集体枪杀，后又把人头挂在通河镇十字街和各城门楼示众。不久，叛徒李遇元又出卖和杀害了进城开展活动的共产党员林凤善、高凤瑞、李仲根、金致文。在敌人严重的破坏下，通河区委不畏强暴，继续领导党员干部开展抗日救国活动。

同年秋，区委书记全东元在西北河王文汉屯开会时被日军逮捕押送到哈尔滨，在各种酷刑面前，全东元坚贞不屈、大义凛然，视死如归。敌人无法从他的嘴里得到任何情况，便将他押至飞机场秘密杀害。二道河子村共产党员农会主任金宪木被叛徒出卖被捕，敌人将他押送到哈尔滨特务机关严刑逼供，逼迫他交代抗日同盟会活动地点和组织情况，金宪木宁死不屈，大声痛斥敌人的侵略罪恶，敌人脑羞成怒将他活活地塞进冰窟窿。

通河地区的党组织又一次遭到严重破坏，但是人民群众的抗日怒火是扑不灭的，敌人残忍毒辣的恶行更加激起人民的强烈反抗，爱国抗日的群众组织风起云涌。

第四节　抗战初期义勇军的英雄壮举

“九一八”事变后，中国共产党立即发布宣言和通电，坚决反对日本帝国主义的侵略行径，提出“组织群众的反帝运动，组织东北游击战争”，把日本帝国主义驱逐出中国。中共满洲省委在事变的第二天，发表了《为日本帝国主义武装占领满洲宣言》，中共通河党组织积极响应党中央和满洲省委的号召，开展各种抗日救亡活动。抗日烽火在通河大地遍地燃烧。爱国群众纷纷拉起队伍成立抗日义勇军、有的组织起大刀会、红枪会、黄枪会等抗日团体，在外族入侵民族矛盾上升为主要矛盾的年代，他们枪口一致对外，与日本侵略者展开了殊死的斗争。

比较有名气的抗日武装团体有浓河镇大刀会，三站大刀会，原三站自卫团保董辛德贵领导的“爱中国”队，原马占山步兵第三旅第五团某连排长郑魁武领导的“密林”队，原祥顺乡东六方自卫团长殷成祥领导的“均平”队。原马占山屠旅骑兵连长王勇领导的“战北”队，木营把头王勤领导的“奉天”队，浓河镇郭海龙领导的“海龙”队，谢洪生领导的“滚地雷”队，浓河自然村袁永庆领导的“长胜”队，孟家店王四海领导的“四海”队，富乡腰窝堡（今永胜村）岳老大领导的“要中国”队，长兴屯丁凤山领导的“搏武”队，岔林北保安村郭复东领导的“迎风”队，邮政工人肖伯言领导的“合好”队，洪太村陈万山领导的“万山”队，岔林村任福祥领导的“太平”队等20多股队伍。大的队伍有200多人，小的队伍有70多人，也有几十人、十几人的小队伍。他们利用通河70%是山区的地理优势，占据山头、加固原有山寨，构筑明碉暗堡，给日本侵略者出其不意的打击。

（一）义勇军、救国军攻打通河县城

1932年8月的一天早四点，“二龙”“黑虎”两支绿林队伍，率近百人的马、步兵，从江边西南炮台和北门攻进县城。两队义勇军集中火力夹攻伪县公署和伪警察局，枪声和义军的喊杀声，使通河县城居民知道这是通河热血男儿在同日伪军作战，解放通河城。龟缩在伪县公署的内田武夫参事官和伪公安局长田寿昌慌忙组织日军、伪警察抵抗。激战两个多小时，20多个日军和伪警察被击毙，七点多钟抗日队伍从通河北门迅速撤出。

1932年9月、10月，黑龙江抗日救国军才鸿猷团（原马占山所部正规军），两度攻占通河县城。9月，才团攻打呼兰火车站伤亡很大，经过休整于10月进入通河城北的小街（岔林村）和桦树村。在摸清敌情后，第一次攻打通河城，从西、北、东三面发起进攻。用小炮炸开城墙，队伍从墙豁子进入城里，他们打开伪县政府仓库，带走粮食、武器、弹药后撤出，对各商号、居民秋毫无犯。日本参事官内田武夫、警务指导官木山片仓吓得逃到船上，过江向方正逃窜。才团两次攻打县城，杀伤日伪军50多人。

（二）浓河大刀会刀砍汉奸田绍武

浓河大刀会成立于1931年4月，是由浓河脚行工人为主组成。大刀会是一种带有封建迷信色彩的民间武装，在日本军国主义入侵时期，浓河大刀会参加了驱除外敌的战斗。1932年5月，浓河大刀会的勇士们在大法师孙与俊（字青立）率领下，参加了保卫县城的战斗。保卫战失利后，大刀会返回浓河，召开了有200多名大刀会员的开盘大会。发布了反满抗日《独立宣言》，声称：日寇对我乡土无管辖权，誓死驱除日寇，光复祖国大好河山！我们要抱成团儿——就是大刀会。此举感动了爱国民众，许多村农民也加入了大刀会，队伍发展愈来愈大，并与义勇军海龙队合伙，对日伪政权构成威胁。

日军认为浓河大刀会与义勇军海龙队合流，气焰嚣张，对日伪政权构成威胁，应首先予以剿灭。原清河农场主、伪公安局长田绍武自称与大刀会首领孙与俊有同乡之谊，愿意前去说降。5月30日上午，田绍武带领7名警察来到浓河大刀会。但他有去无回，被大刀会和海龙队砍下头颅，7名警察也都掉了脑袋。此举震动了伪政权，彰显了人民的力量。

（三）三站大刀会痛歼叛军

曾参加过通河保卫战的焦旅焦景斌，带领部分部队逃到汤原驻防。面对强大的日本关东军，他骨头软了，一时间他既不敢举旗抗日，也不敢树白旗投敌，后来还是俯首投降了。日本参事官内田武夫要他回防通河维持社会秩序。这个信息传到焦旅曾经驻防的三站村，曾经支援过焦旅并希望他抗战的三站人民、三站大刀会十分气愤。通河保卫战时他消极怠慢，临阵脱逃，现在彻底露出他认贼作父的嘴脸。会首王金廷、大法师霍老道、二法师徐光复一起研究决定，在焦旅回通河必经之路大通河渡口伏击敌人。王金廷亲自以犒军的名义去汤原焦旅驻地，探知焦旅的400

骑兵回通河的确切时间。1932年9月末，这一天终于等到了，大刀会又联系了红枪会等400多会员，他们歃血为盟，喝符念咒，悄悄进入大通河渡口两岸的柳条通隐蔽下来。当焦旅400多骑兵进入河心过半时，两岸杀声四起，将骑兵拦腰截断，大刀片，红缨枪，在震耳欲聋的喊杀声中，把敌人杀得人仰马翻，焦景斌带领部分人马逃脱。被大刀会歼敌120余人，俘虏战马100多匹，军需物资20余车。这场战斗，严重警告了那些卖国降敌的叛徒绝没有好下场。

（四）陈万山一怒之下拉起抗日队伍

陈万山是义勇军万山队的首领，为人仗义疏财，义气胆大，最气愤不过的是日本兵欺负骨肉同胞。1932年夏天，他在潘家岗看到一个日本兵毒打一名乡亲，他怒不可遏，跑到朋友家抄起一杆洋炮，一枪将那个日本兵打死。随后带着枪和弹药，抛下妻子和三个孩子，带领30多乡亲占领潘家岗北山，报号万山，树旗抗日。1935年夏天，万山队在潘家岗小庙附近，主动迎战前来“讨伐”的一日军小队。义勇军作战英勇，打伤日军20余人。后来他率领队伍埋伏在木兰县五站村东门外，截住3辆日军军需车辆，打死了押车的日伪军，截获了大批物资，烧毁车辆。在邻县方正活动期间，被一个假意抗日警察出卖。被伪政府判处无期徒刑，抗战胜利后才获释。

（五）“迎风队”痛歼日军

抗日义勇军“迎风队”首领郭复东是通河北部鲍家船口村人，参加抗联后任抗联六军二师二十八团团长。1932年春，郭复东率领迎风队参加了通河城保卫战，后来在铧子山一带活动。这年的中秋节早晨，70多名队员正在船口郭家吃早饭，忽然得到消息，有一个日军小队过来“讨伐”。郭复东立刻派人组织乡邻向北山转移的同时，派人邀请岔林河东的义勇军祖林队过河一同抗击敌人。很快祖林队首领郭富带领30多名骑兵赶到村南，埋伏在道路两侧阻击敌人。日军进入村后遭到出其不意的伏击，几个日本兵随即被打死。“迎风队”的勇士们爬上屋顶，居高临下向敌人射出一颗颗仇恨的子弹，一个日军指挥官和14个士兵当场毙命。日军攻不下郭家大院，便放火点着了院墙大门。当敌人重新调整部署准备进攻时，郭复东已经带领队伍扒开后大墙，安全撤到太和村。恼羞成怒的敌人放火烧毁了郭复东及相邻的三家院落。

（六）义勇军联合攻克凤山县

通河北部凤山地区，民国时期为通河凤山设治局，日本帝国主义侵占通河后，为垄断林业资源和封锁抗日义勇军的活动加强统治，1933年改制为凤山县（丁等县）。原通河驻军黑龙江省步兵第三旅五团某连排长郑魁武，参加通河保卫战失败后痛心疾首，他把五团和焦旅在通河的70多名伤病员组织起来拉到凤山沟里元宝顶子安营扎寨，树旗抗日，报号密林队。他提出成立抗日义勇军联队的主张，得到“均平”“要中国”“合好”“爱中国”“靠天助”“北山”等主要义勇军的响应，合编成一支300多人的义勇军。1935年3月，经过充分的准备，开展了攻打凤山县城的战斗。

1935年2月28日，即战斗的前几天，“要中国”首领岳老大混进凤山县城里，和伪警察李宝珠、曾殿才等十几名警察，做好了策反工作，要里外配合做好战斗准备，一举攻下县城。3月1日凌晨，李宝珠按计划走进警察署署长何文焕家，谎报军情说，山里土匪来了！何文焕听说后提枪跑向警察署，他刚走出家门几步，就被潜伏在路边的岳老大一枪击毙。埋伏在县城北门和南门的密林队、均平队，在十几名策反警察的内应下，迅速攻进城里。顿时城内枪声四起，杀声震天。敌人被打得措手不及，伪警察署长及警察共9名被击毙，18名伪警察举手投降。日本参事官渡边政和伪县长蔡景骧趁混乱中逃往通河。义勇军烧毁了警察署

20余间房屋，砸毁了电话局，缴获长短枪31支，子弹2 500发，还有大量的粮食和其他物资。

义勇军联合起来竟然端了伪凤山县公署老巢，日伪政权决意要消灭这股抗日力量。同年3月下旬，从依兰、省城调来大批军警，加上本县自卫团丁，兵力达到600多人，分几路“围剿”元宝顶子山寨。战斗极其残酷，密林和均平两队义勇军与敌人拼杀一天一夜，子弹打光了，与敌人拼刺刀，郑魁武和70多战士壮烈牺牲。均平队首领殷成祥保护着受伤的战友冲出重围，后来在乌拉浑河上游的响水河西岸建立了密营，继续坚持抗日斗争。

（七）义勇军太平队端掉富乡伪警察分驻所

富乡伪警察分驻所有5名兵痞恶棍出身的警察，他们为虎作伥，效忠日本人。分驻所驻扎了日军小队40多人，日军对中国人凶残狠毒，曾经把正在铲地的村民韩祥用锄头砍死。民生村的农民刘德功，因喝点酒路过日军小队门口，无端地被战刀劈死。日军的种种恶行，激起富乡岔林村农民的愤慨。1932年冬天，任福祥混进通河城里，凭借一把镰刀缴了伪警察一支长枪和一支手枪，组建起抗日义勇军队伍，进入铧子山，报号“太平”。1935年7月2 日，联合“要中国”“合好”“双阳”等150多名义勇军，分四路攻打富乡伪警分驻所，缴了5名伪警察的枪械，烧毁了分驻所三间正房和一个炮楼，查抄了为日本人卖命、欺压乡里的保甲长、伪警察的家。在与日军小队战斗中，双阳队首领赵队长不幸牺牲，义勇军蔡志被捕，敌人凶残地把他扔进狼狗圈，壮烈牺牲。这次行动狠狠打击了伪警察的嚣张气焰。

（八）义勇军“占北”队智歼反动自卫团

自卫团、大排队等是地方或大财主自发组织的一种自我保护的武装组织。在日本关东军占领东北后，在共产党号召全民抗日的影响下，大部分参加到反满抗日的行列中。但是也有少数自卫团、大排队，受日伪政权的利用与人民为敌，打击抗日组织。通河县三站乡自卫团保董陈金山网罗了50名队员，为讨好日本人，处处找抗日义勇军的麻烦，协助日军消灭抗日武装。抗日义勇军“占北”队首领王勇、沈万林，与“合好”队首领肖万良研究，一定铲除这支地头蛇，为民除害。为了引蛇出洞，两支义勇军大张旗鼓地把队伍带到三站北兴凤山附近种地的王财家的地窝棚，王财夫妇热情地为锄奸义军准备了饭菜，“占北”和“合好”的义勇军午饭没来得及吃，按计划在地窝棚附近埋伏下来。陈金山人马果然跟了上来，到了地窝棚一看没有义军，便毫无顾忌地抢着吃起饭来。王财按事前要求给义勇军发出了信号，埋伏在附近的义勇军杀将出来。正在吃饭的自卫团狼狈地逃出地窝棚，钻进附近的一座碾坊准备抵抗。义勇军长短枪齐射，将一颗颗手榴弹投进去，25个自卫团员一枪未发便命归西天了。陈金山另外一半的20多人潜伏在南山准备应援的，吓得逃之夭夭。从此，陈金山和他的汉奸团队土崩瓦解，销声匿迹，义勇军为民除害得到广泛赞赏和拥护。

以上仅仅举出义勇军在抗联三军进入通河前，打击日军的规模较大的几例战斗，据史料记载，通河民众自发组织的义勇军有 3 000多人，占当时人口（53 000人）的十七分之一。1933年12月至1935年12月，时任通河县公署日本参事官宇都宫仁，在他编著的伪满地方志《通河情况》记载：“他一年四季生活在匪患之中……通河县内的浓河镇及东部大通河、清河镇有大刀会匪横行……本县北部一带山地密林，占全县半数以上乃土匪不断盘踞横行之处……”说明英雄的通河人民在打击敌人斗争中，使日本人一年四季不得安宁。

第五节　日本帝国主义的残酷统治、镇压和掠夺

（一）建立殖民统治机构

日本人建立的通河伪县公署，指令一位当地人为傀儡县长，实权则由日本参事官掌握。参事官先是内田武夫，后有宇都宫仁、马上正（副县长）接任。县公署下设庶务、行政、开拓、地政、警务等机构；日本宪兵队是日伪军、警、宪、特的主脑机关，警务机构。除日本宪兵队外，组建了庞大的警务系统，有行政警察、武装警察、森林警察队、保安队等，各村还有地方自卫团。将全县划分为4个区，各区设伪警察署及分驻所各一处，县内地方行政事务几乎全部通过警察署及分驻所执行。1934年伪满政府民政部公布了《暂行保甲制度实行规则》，通河县开始实行“保、甲、牌十家连坐制度”，把全县4个行政区分成62甲，甲下分牌，每牌10家实行连坐法。一个牌里出现一家反满抗日行为，全牌各家均遭惩罚。凡是列入保甲制的居民发放“良民证”，进出村镇凭证放行。1938年后，日军为了加紧实行“治安肃正”，抓牢乡村政权，切断人民群众和抗联的联系，又实行街村制。县城设街公所，全县农村设立92个村公所，村公所的村长都是当地的大地主、恶霸担任。村公所的任务是：二抓、五要。二抓：一抓思想犯，有反满抗日言行的；二抓经济犯，吃大米、白面就是经济犯，轻则挨打重则坐牢。五要：负责要劳工修工事，要国兵当炮灰，要出荷粮，要捐税，要勤劳奉仕队员。保甲制和街村制，是日伪政权控制和镇压人民反满抗日的一种残酷的管理手段。

除此之外，日军为了切断人民群众与北部山区抗联的联系，

为便于监管，又实行归屯并户，成立集团部落。对规划外的村屯和山边零星住户，动用武力强拆或焚毁，或以通匪罪名处之，造成许多家破人亡的事件。在归屯并户期间，临近山区的村落和规划外的零星房屋，到处浓烟滚滚，火光冲天，人民叫苦连天。长兴屯北至德胜沟100多户民房被全部烧毁，农民被强行赶到长兴主屯。日军又用武力强迫老百姓在新建的主屯四周修高墙，四角建炮台，像监狱一样进行看管，搞得老百姓怨声载道，苦不堪言。有史料记载：1938年日军“在通河、汤原一带，竟然在23天内完成了归屯并户、建立集团部落的计划”。

日本军国主义为了宣传“王道主义”“日满协和”“日满一体”，授意伪满政府成立协和会。宣传所谓建国主张，完成国民动员。因此，协和会是日本侵略者的帮凶，是一个效忠日伪政权的服务机构。1936年，通河建立了协和会组织，会长艾青山，各乡镇建立了8个分会。协和会参与伪政府的政治、经济、军事、文化等各个领域。特别是参与“围剿”抗日力量上，他们做尽了坏事。1945年日伪当局在通河制造了惨绝人寰的矫正血案，激起爱国伪警察反叛，举行了“四六武装起义”。日伪政权为了扑灭反叛队伍，协和会积极配合日伪军进行“围剿”，动员全县协和会员到处张贴布告，散发传单，利用各种卑鄙手段进行宣抚、瓦解起义队伍，害死了几十条人命。

（二）血腥镇压反满抗日军民

日本关东军从占领通河的当天就大开杀戒，制造了多起血案。一次性几十人、超百人的血案如：菜窖血案、兰家大院血案、侯家大院屠杀战俘、东沙沟子屠杀义勇军俘虏、大楞场血案等。

县公署院内专门设有监狱，不久又新扩建砖瓦结构监狱12间，关押和审讯反满抗日的中共党员、抗联战士和爱国人士，成为屠杀抗日志士的魔窟。同时向清河、祥顺、三站、蚂螂河、富乡、浓河等主要乡镇各派遣一个日军小队镇守。他们还利用县朝鲜人居留会重金聘用流氓、混混和叛徒刺探抗日军民的情报，捕杀地下党员和抗日爱国群众，对通河人民进行了残酷镇压和屠杀。

驻扎在蚂螂河的日军二十九"讨伐"队，
在兵营准备出发"讨伐"抗联

更可恨的是那些死心塌地效忠日本人的汉奸，如高铭三、高孟和之流，为虎作伥，两手沾满人民的鲜血。1937年兵痞出身的清河伪警察分驻所所长高孟和认贼作父，在任不到三年的时间里，就亲手捕杀抗日军民60多名……据2006年10月30日，通河县抗日战争时期人口伤亡和财产损失课题调研工作领导小组关于《抗战时期黑龙江省通河县人口伤亡和财产损失课题调研报告》中数据显示，全县抗战期间人口伤亡10 862人，[①]占通河总人口56 242人的19%（包括天灾、流行疾病造成的非正常死亡），日本侵略者给通河人民造成了深重灾难。

（三）残酷的经济剥削

日本侵略者占领通河后，疯狂掠夺各种资源，为了满足军需，增添税目，提高税率，实行粮食出荷制度，生活用品配给制度。

名目繁多的苛捐杂税，使人民苦不堪言：税收有国税、地

①通河县抗战课题组2006年10月30日《抗战时期黑龙江省通河县人口伤亡和财产损失课题调研报告》。

税、向民间摊派保甲费、自卫团费、对土地征收土地执照费，还按土地征收官署费、警务费、教育费。还有房捐（按房间大小捐钱）、店捐、商捐、摊床捐、渔网捐、妓捐、吸食大烟手续费，等等。日本侵略者为了筹集战争经费，通过伪政权强制人民购买国债、储蓄。从1933年开始，伪政权发行名目繁多的国债、公债和债券，强令人民购买。

“粮食出荷”制度：日伪当局实行残酷的“粮食出荷”制度，每垧地“出荷粮”为两石（1 000斤左右）多。如逢灾年，日伪当局不顾老百姓的死活，派出军警、宪特、保甲长，逐村逐户追逼缴税，见粮就抢；对交不足的大打出手，还要烧房或以思想不良的罪名下入大牢，对人民实行残酷的法西斯统治。庄户人家除去交出荷粮和各种捐税，所剩无几，只有吃糠咽菜度日。

日军还规定中国人吃大米、白面是经济犯。1940年，清河村李老太太患病，好心的朝鲜族邻居给她送去几斤大米。奶奶疼孙子把做好的大米饭让孙子吃。孙子吃得太多，出外打冰嘎时吐了一口，恰巧被路过的日本兵看见，李家6口人都被抓到军营，扔进了狼狗圈。

“生活品配给”制度：日军按社会地位和“出荷”粮多少发给各种配给通账（粮本）。日本人、高级特务、较大的伪官吏发给“特种通账”，一般职员和地主发给“乙种通账”，老百姓发给“丙种通账”。从1941年开始，日伪当局强迫农民把粮食一律以“出荷”粮交到兴农合作社。农民每“出荷”一吨粮，配给一定数量的布和生活品。不足一吨的不给布，只给点棉线、食盐等生活用品。完不成的就什么也得不到。因为生活必需品都被兴农合作社垄断，别无买处。一些穷苦人家冬天没炕席，没被子，冻得大人小孩睡在草窝里。有的家庭换不上棉衣，只好待在屋里不出门。太平岗老安家5口人，只有一条棉裤，平时挂在房门上，谁到外边去谁穿上，回来后脱下来再挂在房门上。有一段时间，兴农合作社只配给农民最次的花洋布，因此在农村经常看到穿花洋布衣服的男工妇女。在日本洋行的把持下，工农产品的差价极不合理。以1945年为例，一石粮食400元，一尺白布黑市价40元。一石粮食只能换10尺布。农民劳动一年还买不起一套棉衣。

敲骨吸髓的伪满兴农合作社，是个经济垄断集团，日本人掌握着其全部权力。控制着粮食出荷权，物资分配权，农村金融权，农业技术指导权。从城镇到乡村，垄断着全部工业品、农产品。一切经济活动必须通过兴农合作社。

（四）掠夺森林资源

为了掠夺通河丰富的森林资源，日军设立营林署，在较大的河流区域设驻在所。利用地方大小封建把头协助他们组成东邦、柳赖、赖赖、吉盛、天合水等伐木组织，垄断全县的木材经营业务。采取"剃光头、拔大毛"的毁灭性方式砍伐树木。据史料记载：日军在通河掠夺的木材竟高达436万立方米，其中仅小古洞河、大古洞河和西北河3条河流每年的木材流放量竟高达30万立方米左右。这些木材通过水运到佳木斯、哈尔滨，一部分用作军需，一部分运往日本。使通河的山林，继沙皇俄国的毁灭性砍伐之后，又一次遭到疯狂掠夺。

（五）日本的移民侵略

日本殖民主义者统治东北时期，制订了"百万移民东北计划"，1939年2月至1945年2月，日本帝国主义曾分五批向通河县移入开拓团民1 283户4 303人，加上日本在通河的驻军、警察、特务、县公署日本籍职员及家属和经商人群总计5 800多人，占通河县总人口5.7万人的10%以上。

日本侵略者为了实行殖民主义，在通河靠山、临水、土地肥沃连片的地点建立了6个开拓团本部，40个部落（开荒点）。

日伪政权圈地缴照，被划占地主和农民的耕地，每垧地以40元伪币的低廉价格强行购买，被占地的房屋全部没收，分配给日本移民 。“开拓团”的土地称为“开拓地”。把准备将来分给日本移民的耕地称为“满拓地”。全县“开拓地”“满拓地”两项合计39 663.5垧，占全县总耕地面积30%以上。[①]

日军把“开拓地”按对半或六、四的租金比例再租给中国农民耕种。大部分开拓团移民则靠雇用当地农民苦力给他们种地，只给吃的，不给工钱，许多农民由于土地被霸占流离失所，背井离乡，无家可归。日本殖民主义者的罪恶目的，是明目张胆把土地变成日本帝国主义的领土，从而解决人口过剩面积小资源少的民族生存危机。

日本开拓团还拥有自己的武装，即枪支武器，充当第二武装“别动队”的角色。他们任意打骂关押、甚至杀害中国农民。1939年至1945年，日本开拓团关押和杀害的通河农民达数百人。

（六）勤劳奉仕和苦难劳工

伪满洲国实行“征兵制”，凡是合乎年龄的青年都要去当兵。没有人愿意去给日伪政权当炮灰，合格的，称作“国兵漏子”，编入“勤劳奉仕”队伍。“勤劳奉仕”就是给日伪统治者白尽义务劳动，到外地修桥筑路、挖山洞、采煤、修工事……一般要白尽义务二三年，但什么时间回来没准儿。繁重的体力劳动，吃的是橡子面掺玉米面窝窝头。

在日本人的皮鞭下干活，稍有不慎就会受到非人般的惩罚，有的人竟被累死、饿死。当时有句话“摊上国兵漏，不死掉块肉”，据史料记载：伪通河县公署在1943年至1945年，组织了三批勤劳奉仕队500余人。

比起勤劳奉仕所遭受的苦难更为残酷的是劳工。日本帝国

① 《抗战时期黑龙江省通河县人口伤亡和财产损失课题调研报告》。

主义为实现侵略占领东北的目的，为战争的需要，疯狂地掠夺财富，抓民间劳工为他们修建军事工事，凿山开洞、建飞机场、开矿、采煤、建工厂。每期的劳工数由县政府分配到村，再由村分到屯，然后由县府统一强行抓人。贫苦百姓摊上劳工，只有去送命，不是饿死、累死、病死，就是被秘密处死，能活着回来的很少。劳工吃的是猪狗食，干的是牛马活。据凤山镇几个村统计，去的劳工几乎都没有回来，造成家破人亡。1942年，通河一批劳工被押到方正县南天门修飞机场，几乎全部遇难。只有清河镇漂河村尹成林，因右腿被大木砸断后，买通日本翻译，谎报该人死亡，藏到亲属家才侥幸活了下来。仅清河镇被抓去的劳工就有450人，去鸡西、鹤岗挖煤，东北解放后只有61人生还。凤山镇和蚂螂河村几十名劳工去佳木斯附近修军火库，竣工后都被杀害在万人坑，只有2人侥幸逃回。

（七）日军实施奴化教育

通河沦陷后，通令原有学校一律停办。恢复后，日本当局废除中国原有教材，采用奴化教育的新教材。每个学校都配有日本人教员，虽公开职务是教师，实际是学校的主管领导。日语教育在小学阶段中占据了突出地位。在日本人主持下编了中小学教材22种39本。把汉语叫满语，定日语为主课，日本教员讲课用日语，学生日语考试不及格不准升级和毕业。凡考试合格者发给证书，每月发放津贴，作为晋升和采用的优先条件。

学校每天都进行“朝礼”和“终礼”，要升伪国旗和日本国旗，唱日本国歌；然后向日本东京遥拜，向新京（长春）伪满皇帝遥拜，行三鞠躬。还强迫学生背诵《回銮训民诏书》。在国民高等学校，在上历史课时把中国说成“支那”，严禁学生看中国报纸和学习中国历史。不准学生说自己是中国人，强迫说是满洲人。妄图以此使青年学生忘掉自己是中国人，淡化民族意识，把青年学生培养成俯首帖耳的日本顺民，可见其险恶用心。在《修身课》上讲建国精神、国民训，鼓吹“王道乐土”“共存共荣”；音乐课教唱伪满洲国歌《神光开宇宙》；体育课上军体操，教“格斗”，传播武士道精神。日军为了达到对青少年的奴化教育目的，于1940年在县城的东门外路南和祥顺太平山修建了靖国神社，同时也是日本侵华的铁证。县城靖国神社前是广场，南面是一座用水泥和红砖砌成的10多米高的“忠魂塔”，均存放被我抗日军民打死的日军骨灰。靖国神社是为表彰效忠天皇的“忠节”，是日本帝国主义炫耀侵略有功的武士道精神的神社。每年农历四月十八是佛祖的生日，佛门弟子要举办盛大的庙会予以庆祝和纪念。日本侵略者在这天组织县公署官员、日军、士绅、学生参拜靖国神社，让中国青年学生瞻仰、祭拜，进行奴化教育。如此祭拜活动激起了学生对伪满统治的不满。有次大祭结束后，参加祭祀活动的学生三五人一组跟住一个伪警，听行动信号“笛声”一响，学生们抡起皮带狠命抽打伪警，伪警人少分散，学生以多取胜，又有群众掩护，打得伪警不敢还手，一扫平日里狐假虎威、假洋鬼子的威风。①

第六节　抗日联军转战通河战斗纪实

著名抗日将领，传奇式的民族英雄赵尚志，任东北抗日联军总司令兼第三军军长。他领导的抗联第三军，驰骋于北满松花江两岸二十多个县市的广阔土地上，到处都有他与日军战斗的足迹。1935年11月，赵尚志领导的三军和李延禄领导的四军进入通河后，掀起了通河地区的抗日斗争高潮。

①曹乃夫、赵文忠、徐永昌等人回忆录。

（一）战略转移险渡松花江

1934年3月末，赵尚志联络了20余支抗日义勇军，成立东北反日联合军，他被推选为司令。在赵尚志的指挥下，创建了包括珠河（今尚志市）、宾县、延寿、方正等县东西100多公里、南北125公里、人口100多万的哈东根据地。哈东反日游击根据地的蓬勃发展，直接威胁了日伪在北满的统治中心——哈尔滨的安全。1935年1月11日，日军在哈尔滨召开滨江等北部六省警务指导官和宾县、五常等六县参事官会议，炮制出毁灭哈东根据地的毒辣计划。在驻哈日军岩越师团长指挥下，调动了驻哈日军和滨绥铁路沿线日军守备队3 000多人，向哈东游击区大举进攻。与此同时，以各县伪县长和日本参事官为头目的"治安工作班"配合军事"讨伐"，对根据地人民进行血腥镇压。

在这生死存亡的紧要关头，中共珠河中心县委于1935年9月9日召开会议，决定第三军转移到松花江下游地区。赵尚志根据会议精神，率领第三军主力到达方正县，在五道河子会见了第四军军长李延禄，研究了部队转移问题。他们都在松花江北岸的通河县战斗过，对那里的地理形态比较熟悉，一致认为通河县是伪滨江省和三伪江省的边界县份，距哈尔滨市较远，县内山地较多，是上下松花江联络的交通要道。北距苏联较近，敌伪统治较弱，特别适合游击战。转移到那里可以避其日伪军扫荡锋芒，壮大抗日义勇军声势，又对北满政治、军事中心哈尔滨有较大威胁；加之毗邻汤原县党领导的抗日武装基础较好已具规模，是建立抗日游击根据地最佳选择。如果敌人占领这个地区，则对抗联部队十分不利。二人一致同意实行战略转移，开辟通河抗日游击根据地。

赵尚志

1935年11月的一天深夜，赵尚志率领三军军部和一团，李延禄率领四军军部和一团以及谢文东、李华堂等部，来到方正县小罗勒密猪蹄河口的陈家亮子准备过江。当时，松花江江心尚未封严，战士们冒着零下30多度的严寒穿着单薄的衣服等待过江，后面追兵将至，赵尚志、李延禄心急如焚。他们一面派出阻击部队在后边监视敌人，一面亲自到江心观察结冰情况。半夜时分，天气突然降温，江心冰排查严封住。先头部队找来木板铺放在薄冰上，大部队小心翼翼地踩着木板顺利地渡过松花江，进入对岸通河县祥顺镇东六方屯。在先遣人员接应下，顺西北河河谷进入西南岔伐木工棚，受到伐木工人的热情招待。大家把战士们让到热炕或床铺上暖脚，拿出准备过年的年货，到厨房忙活烧水做饭，用松子和香喷喷的饭菜款待抗日战士。

日本关东军总司令兼驻满特命全权大使南次郎得知赵尚志过江消息后，大为震怒，急命岩越师团长率部过江与通河县日军大队长森山配合组成“讨伐”队，趁赵尚志立足未稳之时予以聚歼。岩越部过江后在南六方村与森山部会合向北山里追剿，一场暴风雪扫平了所有留在雪地上的踪迹，日军在山里转了几天，不见抗联踪影。正在他们冻饿待毙、走投无路的时候，赵尚志派李兆麟带领4团在南六方一带旌旗招展地公开活动起来。岩越部闻讯后立即和森山奔向南六方，企图将抗联“主力”聚歼于松花江边。可是，当他们赶到时，李兆麟早已悄悄地把队伍带过冰封的松花江去了方正。日军“讨伐”队追剿了近十天，无功而返。岩越、森山被南次郎臭骂一顿。至此，抗联主力突破了敌人的包围，开始了通河抗日游击新区的创建活动。

（二）首战清河伪警备旅，收编义勇军

1934年冬，李延禄领导的四军，在方正县大罗勒密地区开展抗日活动，曾派副官李善和、徐景春到江北通河开展工作，建立抗日组织，争取地方武装联合起来打击日本侵略者。二道河屯

（即清河）的自卫团保董雷振山，他仇恨日本帝国主义的侵略行为，同情抗日队伍。经过向他宣传抗日救国道理，他愿意与抗联配合工作。李延禄部队在江北的活动，被敌人知道后，要组织军队“讨伐”。雷振山及时通报了李延禄，并配合四军在南六方狠狠地打击了日伪军。现抗联三军的燃眉之急是解决冬装问题，雷振山是外白里红可以依靠的人，赵军长和李延禄在召开有雷保董参加的解决冬装会议上，他提供了一个信息：清河地区的日伪军，包括自卫团几百人已经全部换上了棉装，换下的旧棉衣存在仓库里。这个信息，让两位军长尤为兴奋，当即商定了攻打警备队的计划。伪警备队和清河警察所同在一个大院里，大院四周有深壕高墙，四角有老虎不出洞的炮台，昼夜守卫森严。两位军长决定智取，而不强攻。利用雷振山与警备队熟悉，又知道进出的口令等条件，定下夜间偷袭的方案。于是选了60名精兵强将，换上自卫团的服装，在赵尚志和雷振山带领下，在12月12日这天深夜，顺利地进入警备队大院。虽然门卫也曾查问口令，但一听是雷保董便放行了。进院后，三军一团团长刘海涛迅速下了岗哨的枪，并吩咐部分战士堵住大门、守住炮台，其余战士们迅速冲入已经睡觉的营房，大声命令道：“我们是抗日联军，中国人不打中国人，赶快投降吧！”雷保董喊道：“我是雷振山，是赵尚志领兵来的，弃暗投明吧！”100多名伪军一听是赵尚志来了，一枪没放，乖乖地从被窝出来举手投降。但在这里的日本指导官本次、参事官春田，惶恐中要举枪顽抗，都被击毙。十几分钟结束战斗，缴获捷克马枪200余支，子弹15万余发。缴获新旧棉衣500多套，并释放警察所在押的人犯，当众处死逃跑抓回来的日本教官晓松。

赵尚志站在被俘的伪军前说：“伪军弟兄们，我们是抗日联军，专打日本人，你们不要给日本人当差，欺压老百姓，都应当参加抗日，咱们只要齐心，就能把日本侵略者赶出去。”赵军长的话音刚落，便有不少人表示要参加抗联，最后有60多人要跟队伍走，场面热烈而感人。

抗联三军解决了冬装后，赵尚志率领部分指战员不顾安危，走遍了通河北部山区的各义勇军山寨。根据中国共产党1935年8月1日的《八一宣言》，即《为抗日救国告全体同胞书》精神，宣传抗日主张和联合起来的重要意义。先后收编了均平、奉天、占北、济富、全胜、德好、滚地雷、青山、黑虎、三省、久盛、中华、合好、靠天助、盖天齐、爱中国、要中国、九江龙、天下红等20多支义勇军队伍。迎风队郭复东参加了第六军。对于那些打家劫舍，骚扰民间的反动土匪进行了缴械。抗联三军队伍不断扩大，由六个师扩编为十个师，总兵力达到6 000人。收编的义勇军经过整编，成立了1 400余人的抗联三军地方武装通河警备旅。雷振山任旅长，下辖旅直属部队和三个警备团、一个游击团，分别任命殷成祥、王勤、张义鹏为团长、营长、连长。

通河警备旅在赵尚志军长统一指挥下，与抗联主力部队密切配合，充分依靠当地抗日民众，一方面组织各地抗日救国会，为大部队筹集军需物资；一方面与敌人展开了捍卫家园的英勇战斗，消灭了大批日伪军，有力打击了敌伪的势力。

（三）血战五道河

被任命为第三军地方警备旅旅长的雷振山，早在1934年就为抗联四军做了许多工作。他身为清河自卫团保董，一方面应付着伪政权的调遣，而另一方面暗地里却为抗联送情报，帮助解决军需。一天，自卫团在松花江打鱼，打捞出10多支步枪，他与自卫团员连夜送到抗联。他知道抗联部队缺粮食，曾经组织50多人，每人背40斤玉米楂子，在夜间送到西北河沟里大荒顶子四军粮食储运站。抗联三军主力到通河后，参加了赵尚志组织的地方警备队任旅长，他带队袭击日伪军，铲除汉奸恶霸更加积极而坚决。

1936年2月8日（农历正月十五），雷振山的警卫团驻扎在大古洞沟里，老松沟后山五道河子密营。这天，200多个日伪军在祥顺自卫团保董周庆和清河汉奸索汉卿指引下，包围了五道河子。雷振山处变不惊，命令苏文山带队伍迅速撤退，同时派人通知沟里的李延禄率队伍转移。然后他带领20多名战士钳制、阻击敌人，掩护撤退。他手使双枪，击退敌人多次的进攻，但不幸他胸部中弹，壮烈牺牲，年仅42岁。

（四）李兆麟太平山伏击治安队

日伪政权为了切断人民与抗联的联系，实行归屯并户，老百姓苦不堪言。祥顺村60多户100多间房屋被烧毁，张五村、四方泡村的150多间房子都被烧了。1936年春天，李兆麟带兵从汤原来到通河祥顺地区，驻在抗联八团一营一连姜万福所在的永乐村，得知伪治安队仍在这一地区进行归村并户，便决定狠狠地教训一下。

姜万福是东六方屯人，1935年抗日部队在此地活动时，参加了抗日斗争，先是从事地下活动，为部队筹措军需。后来他搞到一批枪支弹药，便和一些有志抗日青年成立了游击队，并主动加入抗联三军八团，被委任八团一营一连连长。李兆麟决定教训一下伪治安队，两人不谋而合。根据伪治安队要从清河去往祥顺的确切情报，李兆麟带的兵和姜连长的队伍，分别埋伏在张五屯北公路一侧苞米地和公路另一侧的太平山山上。当伪治安队方连长带领100多人，大摇大摆进入伏击圈时，姜连长一枪就把他撂下马来，敌人队伍大乱。埋伏在山上的战士机枪同时开火，打得敌人抱头鼠窜，扔下十几具尸体逃回清河。激战中，我方王排长壮烈牺牲，姜连长身负重伤。后来在家养伤，不幸被特务告密，被抓到通河警务科受尽酷刑，后虽被地下党营救出狱，但不久离开人世。

（五）许亨植智拔三站据点

许亨植，别名李熙山，朝鲜族。1930年加入中国共产党，1934年6月任东北反日游击队哈东支队第三大队政治指导员，1935年2月任东北人民革命军第三军第一师二团团长。1935年5至7月间，在通河乌鸦泡一带进行抗日活动。5月间，曾带兵截获日军给清河送给养的12辆汽车，消灭37名日军士兵，缴获全部武器弹药、2 000多袋白面，将大部分白面分给当地几个村屯的老百姓。7月份，又智拔了三站敌人的据点。三站村曾是通河县老县城，日军占领后，为防备抗日队伍的进攻，修筑了高大的围墙、深深的护城壕，只开设了东西两个城门。里边驻扎一个日军警备队，一个伪自卫团，各有30多人。武器精良，不但有轻重机枪，还有5门小钢炮。许团长派人化装进入三站村进行了侦察，经过仔细研究决定智取。他在连里选了35名战士，穿上缴获来的日军服装，并选一名会讲日语的战士，组成一支日军小队。许团长带领120名战士尾随其后。这天夜里，顺利地从东大门进入街里，自卫团把大门的没有想到有诈。自卫团在没有任何防备的情况下，缴械投降。然后直逼日本警备队，守门的刚和会说日语的战士搭话，便被缴了械。战士们鱼贯而入，刚刚睡下的日军做梦也想不到抗联战士从天而降，乖乖地当了俘虏。我军兵不血刃，为民除害，消灭了盘踞在三站的敌人，缴获了大量武器弹药。

（六）赵尚志指挥的典型战例

1.洼子张战斗

1936年5月12日，赵尚志率领三军第五师和通河警备旅一团200多人，从祥顺沟里马鞍山到洼子张屯（今为兴隆村）宿营，部队刚住下，获知情报说，有5辆汽车日伪军押送十几辆装满军需物资的汽车往清河运送给养，第二天必经洼子张屯返回通河。

赵尚志决定消灭这股日军，和师长景永安、团长王勤共同制订了伏击战的计划。赵尚志亲自领兵在洼子张东屯丁家大院埋伏。第二天8时许，敌人的两辆汽车开过来，车上有荷枪实弹的60多个日本兵。赵尚志命令战士要沉住气，用自制的土炮稳准狠地打击敌人。这种土炮土名叫“大抬杆子”，可以装一斤炸药，再装上沙子（铁豆子），打出去一大片，有很大杀伤力，但射程较短。不一会儿插着膏药旗的汽车进入了伏击圈，直到敌人的汽车开到离丁家大院30米左右土炮有效射程之内，赵尚志发出射击的命令，四支“大抬杆子”一起开轰，加上其他机枪、步枪雨点般射向敌人。日本兵跳下车东躲西藏，当场被击毙七八人。这时后边的几辆汽车也开过来，和先到的日军和在一起，向大院发起猛攻。但在我军“大抬杠子”的轰炸下，始终没能攻进大院，不断有日军死伤。气急败坏的日军在门前点起大火，又派一小队绕到大院后边，企图两面夹击。守卫西北炮台的战士，用连珠枪，把敌人的机枪手一个接一个击毙。在这双方相持不下的时候，守卫洼子张的于四炮带领30多战士赶到，将敌人彻底击退。赵尚志果断命令，要穷追猛打不能放走敌人。战士们刚追出不到二里地时，哨兵报告说，西边有百余骑兵增援来了。赵尚志观察一下地形，命令部队抢占高地和两侧林地，再次严惩日军。在敌兵走近时，神枪手张祥一枪把日本骑兵指挥官撂下马来，两侧的伏兵开始出击。日伪军由于指挥官毙命，立刻大乱。赵尚志抓住战机，带领战士杀向敌群，日伪军一看大势已去，纷纷溃逃。

洼子张一战，打死打伤日伪军100余人，其中击毙日军30人，指挥官1人，俘虏13人，并缴获机枪等大量武器弹药。但我方丛万林等36名指战员英勇牺牲。赵尚志托付洼子张屯民，掩埋好这些为民族解放而牺牲的同志。屯民李永保说，请军长放心，我们决不能让战士土打脸，要好好安葬他们。李永保带领部分群众，挖了6个墓穴，镶上木板，每墓穴6位战士进行安葬。1983年春，祥顺乡党委、政府根据县委指示，组织乡机关、企事业干部职工、中学师生、兴隆村干部群众重新修建了墓地，并进行祭奠，遗憾的是这些牺牲的战士都没有留下姓名，所以只能定名为“洼子张三十六烈士墓”。

2.八道河子诱敌

1936年初冬季节，赵尚志在通河凤山沟里白石砬子一带活动，被驻守在通河的日军森山大队长知道了。他立即组织了300多人的“讨伐”队进山“围剿”。赵尚志接到地下党组织传来的情报，立即召开了干部会议，决定要把敌人引到两山夹一沟的东八道河子，派三军一师师长刘海涛领兵埋伏在两旁山林中，命令通河警备旅三团殷成禄和连长李德有带领20名战士，把敌人引诱到埋伏地点。诱惑敌人的抗联部队边打边撤，森山带队紧追，使敌人陷入我方布控的埋伏圈。密集的火力居高临下射入敌群，以死伤70余人惨败逃回通河。

3.赵尚志巧使空城计

1937年秋，赵尚志在通河县西北河东岸河东屯抗联三军五师驻地，日军森山队长得知赵尚志在此情况后，立即带队前来“围剿”抗联。这天，河东屯异常安静，有五师官兵扮演的老人，还有小孩在大街上走动、玩耍，鸡不叫狗不吠。但屯子外大道两侧战壕和丛林里，却埋伏了抗联重兵。上午10点左右，森山领着100多日本骑兵和200多伪军，渡过西北河，向河东屯冲杀过来。狡猾的森山用望远镜观察河东屯足有十分钟，没有发现可疑之处，误以为抗联转移了，便派一小队人马前进。队伍刚走到屯西柳条通，突然枪声大作，埋伏的五师战士杀将出来。不多时30多个日本兵被击毙，日军小队长一看大事不妙，立即指挥向河西撤退，又遭遇埋伏在河岸边战士的痛击，日军纷纷落马，一共有

200多人死的死、伤的伤。森山看到部队死伤惨重，担心赵尚志领兵冲杀过来，有全军覆灭的危险，只好沮丧地收兵回营。

4.白石砬子突围

白石砬子密营位于通河县与铁力县交界的白石砬子南怀，是抗联三军隐蔽在深山一处密营。建有兵营、被服厂、粮库等军事设施，是三军经营多年的后勤基地。这里是抗联部队通往小兴安岭和黑嫩平原游击区的秘密通道，战略位置十分重要。1938年1月1日，日军纠集木兰、方正、通河三县3 000多名日伪军，配有轻重武器，向白石砬子发起了猛烈攻击。据守在这里的2 000多指战员，在赵尚志亲自指挥下，设三道卡子阻击敌人，浴血奋战三天三夜，杀得敌人尸横遍野。但在敌众我寡形势下，赵尚志果断做出撤退转移的决定。一是再坚持部队会有更大伤亡，二是这个后勤基地已经被敌人知晓，再保住也没有意义。在赵军长的指挥下，在砬子东北角打开一个缺口，安全撤离。

战斗中，打死打伤日伪军1 000余人，我军牺牲和负伤也有700余人。由于撤退转移，基地的大批粮食和30多台缝纫机落入敌手。

（七）哈东游击司令李福林血洒通河大地

李福林，原名公道轸，朝鲜族，1907年5月21日出生于朝鲜咸境北道稳城郡。1930年3月在阿城加入中国共产党。1933年10月，协助赵尚志成立珠河（今尚志）东北抗日游击队。李福林是东北抗联三军三师创建人、领导人，牺牲时任中共北满临时省委常委，组织部部长，兼任哈东游击司令。1935年后，李福林活动在延寿、方正、通河、依兰、林口等地。联合当地义勇军，打击日本侵略者，屡建奇功。1936年在通河东六方，剿灭了投敌叛徒于炮及他领导的20多人的队伍，为民铲除一大祸害。

1937年初，为配合三军主力部队西征，牵制敌人，李福林带领一师一团转战哈东一带，多次袭击敌人据点，消灭大批敌人。同年4月，李福林奉命从方正去通河省委驻地鹰窝密营开会，与六军、八军几位参加会议的领导会合在清河刘家店。这时，被祥顺警察勾朋武报告给通河日伪警察署。日军迅速调集通河、方正、依兰400多日伪军突袭清河镇。李福林带领少年连和警卫连170多名战士，还有通河警备旅雷平70多人，为了六军和八军领导安全转移，进行了顽强的阻击。战斗从中午一直打到晚上击退敌人多次进攻，击毙敌人数十名。终因敌众我寡，在清河西北二站北山，东西受到来自依兰和通河的两面夹击。李福林在战斗中右腿中弹，粉碎性骨折，无法行走。鄂伦春族战士李鹏哥替跑下山抢救李福林，不幸中弹牺牲。年仅30岁的李福林同齐副官等21名战士英勇牺牲。李福林牺牲前嘱咐战友，一定把他的公文包带出去。后来，连同被俘惨死在稻田地里的7名战士，共31名烈士合葬在一起。在李福林舍命阻击掩护下，六军军长戴鸿宾、八军领导及他们的警卫人员安全撤退，按时参加了省委在鹰窝召开的会议。

抗日英雄李福林纪念碑

烈士们的鲜血染红了青山，抗联英雄的浩然正气永存。如今在清河二站北山上，浓郁的青松里耸立着抗日英雄李福林高大的纪念碑，人民将永远缅怀为抗击日本帝国主义侵略而牺牲在通河土地上的英烈们。

（八）鉏景芳率队夜袭二道河子警察所

鉏景芳黑龙江依兰县人。1935年参加东北人民革命军，历任抗第三军司令部副官，第三军警卫连连长。1936年冬到1938年冬在通河县大、小古洞和凤山地区战斗了三年。经他宣传教育，大、小古洞群众的反满抗日的觉悟很高，积极支持抗联活动。二道河子（即清河）伪警察分所所长高孟河，兵匪出身，日本侵占通河后，他投靠日本当了一名警察。为讨好日本人，他专门干抓捕和镇压抗日人民群众的勾当。他在任不到三年的时间，杀害抗日军民60多人，人民对他恨之入骨。1937年冬天，抗联决定要除掉这个恶贯满盈的汉奸高孟河。抗联三军五师师长蔡近葵派鉏景芳化装进入清河伪警察分驻所，和内线伪警察何才取得了联系。约定这天夜间十点半何才站岗值班时，晃动三下手电光，接应抗联部队攻打伪警察所。鉏景芳带领30多人的短枪队从乌拉浑到达清河时，已经超过了约定时间，何才硬是替别人多值了一班。队伍看到了手电光，悄悄地顺利进入伪警察分驻所大院。当战士们摸进大院西边伪警和日本兵住的筒子房时，70多个伪警、日本兵酣睡如死猪一般。战士们迅速将架在屋地上的枪支收起来，从梦中醒来的伪警和日本兵还没明白是怎么回事，便当了俘虏。鉏连长带领战士闯进高孟河及日本指导官住的房间，两人企图持枪反抗，战士一枪把高孟河击毙。日本指导官负伤趴在地上，在死前向鉏连长射击，鉏连长不幸左臂中弹。抗联战士仅用40分钟，打死了高孟河和几名日本警察，俘虏了全部伪警并就地处决了十个民愤极大的伪警察。缴获长短枪100多支、子弹900多发，同时释放了十几名被押的群众。

鉏连长的左臂，在当时缺医少药、条件极其恶劣的环境下，最终不得不截肢。后来只有右臂的鉏景芳继续在抗日战线顽强地战斗，被人们称为“独臂将军”。

（九）端掉县城东门警察分驻所

殷成祥可谓智勇双全，1936年7月，警卫旅三团奉命西征，为解决部队急需补充弹药，他孤身深入伪军营垒买子弹。当时党组织把任务交给了抗联地下联络员，挑八股绳外号“铁脖子”的刘文清，经他联系向依兰伪军治安队郭队长买子弹。此时郭队长正领着他的骑兵部队驻在蚂螂河大车店卖枪弹来维持部队军饷，这是伪军惯用的办法。郭队长要求殷团长亲自来商量这笔交易，曾经在战场上厮杀的两个阵营的人，能否有诈，殷成祥考虑再三，为了解决部队急需的弹药，他冒风险于不顾，孤身闯虎穴，亲见郭队长。买卖成交后，郭队长为避免日本人的怀疑，双方还导演了一场“假戏真打”战斗，给子弹消耗有了借口。郭队长派人将两麻袋2 000多发子弹送到警卫三团响水河密营。

日军占领通河后，实行法西斯的严酷统治。为保卫蜗居在城里的日伪政权，在县城东、西、北门设立警察分所，戒备森严，老百姓出入严加盘查。警卫旅三团团长殷成祥决心端掉东门伪警察分驻所，1936年8月23日，殷成祥派8名精明强干的战士混进城里。晚8时许，打扮成农民模样的8名战士，带着一瓶白酒从城内向东门走来。受阻后，他们拿出白酒买通守门的警察，在这位警察接酒的片刻，一名战士上前狠狠地掐住他的脖子，其他战士围上来下了他的枪。然后冲进警察所，几支手枪对准6名正想睡觉的伪警察的脑壳，命令他们相互捆绑起来。与此同时割断电话线，砸碎了电话机，缴获7支长枪和1 000多发子弹，在夜幕中返回响水河密营。

殷成祥警卫旅三团经营的响水河密营，成了抗联三军及其他部队的后方基地，伤病员在这里治疗休养，新参加抗联的来这里学习训练。殷成祥在赵尚志的领导下，率领家乡子弟兵先后参加了袭击大东北岔森林警察队、洼子张、青龙山、半截河子、端掉通河东门警察所等战斗。1937年农历正月，殷成祥严肃查处了副营长朴德胜强抢群众烟土和霸占人妻的案件，决定处决朴德胜。但因看管不严，朴德胜逃跑到伪县政府投降了日军，并向日军献计攻打响水河密营。日军调集了300多日伪军“围剿”响水河密营，在战斗中，被朴德胜从身后开枪，殷成祥壮烈牺牲，时年41岁。屡建战功的抗日英雄，不幸死在叛徒手下。

（十）三军被服厂的女战士

1935年冬天，共产党员张义淑（张相龙的爱人）带领婆母、女儿，响应中共通河地下党组织的号召，与其他十余位妇女集体来到三军槟榔沟密营参加了抗联，组建了被服厂，成立了党支部，张义淑任支部书记。厂子发展到20余人，基本都是通河的女战士。他们夜以继日地为三军指战员制作换季服装。在敌人严密封锁的情况下，有时缺粮没菜，只好以山野菜、野果充饥。由于缝纫机少，只好歇人不歇机器。夜间没有照明，用松树明子照亮。松树明子烟大，熏得个个女战士眼睛红肿，只有牙齿是白的，脸、手、脖子、鼻孔全是烟灰。但战士们不叫苦、不喊累，乐观向上，觉得为消灭日本侵略者贡献一点力量值得。1936年秋，清河抗日烈士金宪木的女儿金玉善联合附近村屯的女友李中玉、李恩道等15人也参加了抗联，加入到被服厂工作。1937年秋天，日军强迫老百姓归屯并户，封锁交通要道，在日军“讨伐”搜山中，张义淑为掩护抗联战士脱险而被捕，先押到伪清河警察分所，遭到残酷拷打和审问。张义淑威武不屈，闭口无言。敌人又把她用轮船从清河押送通河，当船行驶到南六方江段时，张义淑纵身跳进松花江，为抗击日本侵略者献出年轻的生命。

张义淑的牺牲，激起了全体女战士的愤怒，被服厂的女战士化悲痛为力量，更加坚定了抗日的决心。1938年6月在转移西征中，金玉善带领16名女战士，在途经一处日本采伐队住处时活捉了7个日本兵，缴获许多战利品。

（十一）抗联部队的多次战斗和西征

在1936年至1939年期间，抗联部队在通河地区与日伪军经历上百次战斗，形成了抗日斗争高潮。除了上述几次具体战斗纪实外，还有1936年5月，抗联三军五师师长景永安指挥的西北河伏击战，击毙日军30多人；同年，抗日义勇军“爱中国”首领辛德贵、张明新率领300多战士集体参加抗联后，改编为警卫旅三团三营，在狼窝屯歼灭60余名日伪军；在这年秋天，辛、张二人为打击日军舰艇掠夺沿江两岸居民财产，在依山八家子屯南的松花江江心岛，伏击了一艘日军炮舰，打死一名日本军官和10余名日兵；1937年2月间，抗联三军一师，金利竣队长，率领50多名战士在张文庆大院（今小更马场）消灭日伪军41人；1937年7月，通河警备旅一团团长王勤在四马西河套击毙日伪军30多人；1937年夏季，三军警卫旅二团团长张义鹏在祥顺东六方活动时，被日伪军包围。在突围中张义鹏领战士打死20多日军和31伪军后，敌人得到伪森林警察大队长高铭三带200多名伪森林警察的支援，战斗极其残酷，双方都战死50余人，我方60多匹战马被抢走；1937年深秋，负责警备旅三团后勤的李少白，带领几名战士到祥顺洼子李屯，为部队赶制冬装，消息走漏后，夜间被敌人包围。在突围中他手使双枪打死十几个敌人后被捕，在通河渡口壮烈牺牲，时年26岁。

1936年至1938年，日伪军对抗联进行了三次“围剿”。第一次在1936年春季，日本关东军动用一个师的兵力对松花江中下游的依兰、方正、汤原、通河地区重点“围剿”，东北抗联利用山区有利地形，在各地抗日救国会的配合下，采取游击战术给予敌人有力打击，以敌人收兵结束。抗联根据形势，开始转移进行第一次西征，跳出敌人的包围圈，到庆安、铁力、海伦等地开辟新的游击区。第二次是1936年秋季，伪满洲国军部根据《治安肃正纲要》的规定，又一次对宾县、木兰、通河、汤原、依兰地区进行“讨伐”，受到抗联三军的猛烈还击，日本“讨伐”队长森山险些丧命跑回通河。三军袭击了大东北岔、八道河子和几个伪警察所，通河的抗日斗争进入极其艰苦阶段。抗联为保存实力，1936年9月向黑嫩平原的海伦、通北、逊河等地进行了第二次西征。第三次是从1937年开始到1938年春天，日本关东军调集日伪军2.5万多兵力，对三江省各县进行“围剿”。同时大力推行“集团部落”计划，归屯并户，切断抗联与民众的联系，对我地下党进行破坏，企图把抗联消灭在深山老林。1937年8月进行第三次西征，1938年6月进行了第四次西征。

抗联三军在通河战斗期间，生活是极艰苦的。尤其是严寒的冬天，战士的衣服单薄，常常露宿山林；缺乏粮食，有时以打猎野兽、打鱼充饥，甚至吃橡子、蘑菇、树皮等，但是他们以“逐日寇，复中华，夺回我河山”的坚定信念，战斗在“铁岭绝岩，林木丛生”的白山黑水之间，以“热情冲破兴安万重山”“果敢冲锋”的精神，战胜了“霜晨火燃”“风吹背后寒”的艰辛，而转战在兴安松水之间。他们常年生活在“天大的房子，地大的炕，火是生命，森林是家，草是粮食”的困境中。但东北抗日联军不畏艰难，利用山区等有利条件与敌人周旋，打游击战，牵制了日本关东军力量，为支援全国抗日战争做出了巨大贡献。

抗日战争期间，东北抗日联军11个军中有7个军曾在通河开展抗日游击活动，同日军进行了大小百余次殊死搏斗。据不完全统计，在抗战期间，英雄的通河抗日军民消灭日本士兵和警、特、自卫团丁等2 030人，俘敌893人，沉重打击了日伪统治集团的气焰，有力地支援了全国的抗日斗争。

第七节　顽强战斗的中共通河特支

1935年冬，东北抗日联军第三军和第四军进入通河的北部山区，建立抗日根据地，抗日烽火在通河越烧越旺。中共满洲省委根据斗争形势需要，决定将有丰富斗争经验的中共延方特支书记李秋岳派往通河整顿、发展党的组织，发动群众支援抗日斗争。

李秋岳

李秋岳，女，朝鲜族，原名金锦珠，化名张一志。1919年，朝鲜爆发了著名的“三一”反日起义，斗争的浪潮席卷朝鲜全国，李秋岳和爱人杨林都参加了反日斗争。但起义受到日本军国主义的残酷镇压。她和爱人杨林于1924年先后来到中国，并加入中国共产党。蒋介石策划“4·12”大屠杀，党中央为保护她和杨林，派她俩去苏联学习。1930年回国后，李秋岳被派到中共满洲省委工作，1932年秋，到中共珠河（尚志）中心县委担任县委委员、妇女部长、铁北区委书记等职务。1935年春，李秋岳奉命到延寿、方正开展抗日活动，担任延（寿）方（正）特支书记。李秋岳是与赵一曼齐名的巾帼英雄。

1936年2月，李秋岳调任中共通河县特支书记，配合抗联第三军积极开展反满抗日活动。李秋岳到通河后，积极恢复和整顿通河党组织和各村屯的抗日救国会组织。发展新党员，在西北河附近的村屯组建了抗日救国会、妇女反日会，培养了李赞奎、金隆基、韩成兴、黄润秀等一批骨干。在西北河南、北二屯、清河、祥顺、漂河、西六方、东六方、北六方（今四方泡）等，均建立了反日救国会组织，发展会员370多名，动员青年当兵参加抗联。她亲自起草了《通河县抗日救国会章程》，亲自刻写、印刷《东北民众抗日联军临时政府宣言》《中国人民对日军战斗的基本纲领》等传单。李秋岳还建立了地下秘密联络站，组织群众、宣传群众，筹粮纳款，参军参战，搞侦察、送情报，有力地支援了抗日联军的武装斗争。

通河特支所在地设在西北河河东东炮台屯。西北河主屯分两个自然屯：河东叫东炮台，河西叫西炮台。西炮台屯是日军豢养的特务组织“通河县朝鲜人居留会”活动的地方。居留会以金龙宝、金成太为首，他们在西炮台屯发展反共组织，刺探共产党的情报，破坏抗日活动。扬言“有谁能取得匪首赵尚志人头，日本人赏钱500元，取得党员或干部人头赏钱50元”。特支领导获悉了敌人的阴谋后，立即和三军特派员崔成日商量了解决办法。由崔成日带领金化成等15名反日会成员在夜里潜入西炮台屯捕杀了金成太，活捉了金龙宝。由于看管不严，金龙宝逃到依兰守备队报了案，说西北河遍地是共产党；他又跑到县城向朝鲜人居留会报告了西北河河东共产党的组织和活动情况，引起敌伪政权的注意。

在李秋岳的领导下，通河东部的抗日活动出现了前所未有的高潮，日伪当局极度恐慌。当时牡丹江地方警务统治委员长中村，在给日本中央警务统治委员长东条英机的报告中写道：“通河已陷入不治之境，用抗日精神武装的民众不胜枚举。尽管他们不持枪对抗我们，但他们却是生产匪徒的母体。”6月下旬，通河日本特设第五游击队附属宪兵，对通河地下党组织和抗日群众实行了第二次“肃正”。共产党员、西北河区委负责人康龙奎、共产党员郑丙赞和反日会成员朴京相相继被捕入狱。日军对他们进行了多次的严刑拷打逼供，他们宁死不屈，康龙奎、郑丙赞在宪兵队被活活打死。朴京相因伤重抬回家中，不久故去。8月

27日，中共通河特支书记李秋岳在祥顺北六方屯不幸被捕。敌人利用各种软硬兼施的办法，进行诱降，逼迫她交代共产党组织、救国会组织情况，都被她坚决拒绝。敌人要她写悔过书，她义正词严地说：反日无罪，没有什么悔过自新之处！她在敌人要她写悔过书上写道："在抗日运动中同志们奋不顾身为国家牺牲、尽力，是可贵的。我们作为运动中的一员，感到很光荣，让我转变是没有考虑余地的！"地方警务统治委员长中村在给东条英机的报告中写道：被检举者张一志其境遇无须再斟酌，将来没有悔改之希望，在肃正中不得不参考卫队长以及有关机关的意见，于9月3日给予严重处分枪决。1936年9月3日，受刑遍体鳞伤的巾帼英雄李秋岳，在通河县城西门外被敌人杀害，年仅35岁。

李秋岳牺牲后，中共通河特支划归中共下江特委领导。1937年4月，中共通河特支由中共依兰县委领导，依兰县委派特派员周大一（周士勤）到通河主持特支工作，在抗联基础较好活动频繁的三站、祥顺、清河等地区整顿和恢复抗日救国会、地下交通站、联络点，积极配合抗联抗击日军，继续为创建抗日游击根据地做出了巨大贡献。

1938年3月15日，日军对下江地区党的组织进行了大搜捕（即"3·15事件"），通河党组织又一次遭到破坏后，特支所属的地下党员和一些抗日救国会成员参加了抗联。

第八节　中共北满省委在通河的活动

1936年9月18日，中共珠河、汤原两个中心县委及抗日联军第三军、第六军党委领导在汤原帽儿山召开联席会议，成立了中共北满临时省委，选举赵尚志为执行委员会主席，冯仲云为省委书记。会议决定将汤原中心县委改组为中共下江特委，通河特支由下江特委领导。1937年6月28日，北满临时省委在汤旺河召开执委扩大会议，选举张兰生为书记，魏长魁为组织部长，冯仲云为宣传部长。

张兰生

冯仲云

1938年初，日伪军集中兵力向松花江中下游两岸的游击区和根据地进行疯狂的“讨伐”镇压。在通河、汤原一带，敌人在23天内完成了归屯并户，建立集团部落的计划。3月15日（即3·15大逮捕），日军展开大逮捕，北满临时省委和吉东省委所属7个县的党组织有300多人被捕。我党在依兰、桦川、富锦、绥滨、汤原和佳木斯的党组织均遭破坏。通河、延寿、方正等地的党组织也几乎全部被破坏。面对严峻的形势，4月底，临时省委决定省委驻地转移到通河清河北部山区小古洞鹰窝密营。

（一）北满临时省委在通河召开四次重要会议

1938年5月1日，北满临时省委在鹰窝密营召开了第七次常委会议，张兰生、魏长魁、冯仲云、李兆麟等出席了会议。为了粉碎敌人对松花江中下游抗日部队的“围剿”，会议决定抗联三、六、九、十一军主力部队西征。深入到黑嫩平原和三肇地区开展游击活动，留少数部队在原地坚持斗争。

同年6月，北满临时省委在鹰窝密营召开第八次常委扩大会议，调整了西征部队的编制。确定政治部主任李兆麟领导抗联第三军，以抗联三、六军为主的西征部队，在李兆麟、金策等同志的领导下，利用半年时间，经历千辛万苦，终于跳出敌人在松花江下游设的包围圈，使日军“聚歼”抗联的阴谋计划破产。

1939年1月28日，北满临时省委在鹰窝密营召开第九次常委会议。由于日军实行“匪民分离”“集团部落”“经济封锁”政策，抗联部队活动出现很大困难。为扭转局面，必须加强党的统一领导，加强与地方党组织的配合，与南满取得联系加强合作。会议讨论通过了《关于目前东北革命运动和我党的任务》的决议，决议分析北满游击运动的形势，提出游击运动的新方针。会议提出要争取北满军事领导统一，加强与地方组织配合，打通与南满地区抗联部队的联系，加强政治工作，保证党的领导等。

1939年4月12日，北满临时省委在鹰窝召开第二次执委会议。会议决定将中共北满临时省委员会改为中共北满省委员会，选举金策为省委书记，李兆麟为组织部长，冯仲云为宣传部长。会议决定撤销北满抗联总司令部，以三、六、九、十一军为基础，成立东北抗日联军第三路军及总指挥部，李兆麟担任第三路军总指挥，冯仲云担任政治委员，许亨植（李熙山）为参谋长兼任三军军长（赵尚志赴苏未归）。1939年5月，东北抗日联军第三路军在德都东北朝阳山正式编成，全军共有500余人。随后，省委领导及抗联留守部队，先后陆续离开了坚持近4年之久的通河抗日游击根据地，分赴新的战场。8月1日，省委发表《告北满全党同志书》，提出了“动员民众武装群众，扩大反日民族革命战争，响应国内抗战”的斗争策略。年底，中共北满省委由通河县鹰窝驻地迁至绥棱县老金沟。

1936年到1939年期间，正是全国及东北地区抗战最活跃的阶段。北满临时省委在通河小古洞鹰窝密营，指挥和领导北满地区的抗日斗争，许多会议在这里召开，许多决策从这里发出，通河成为北满地区抗战指挥中心。抗联三军司令赵尚志、李延禄、冯仲云、张兰生、金策、李兆麟、魏长魁、李福林、张瑞麟、许亨植（李熙山）、鈕景芳等长期活动在通河。

（二）魏长魁与关化新两位抗日将领牺牲

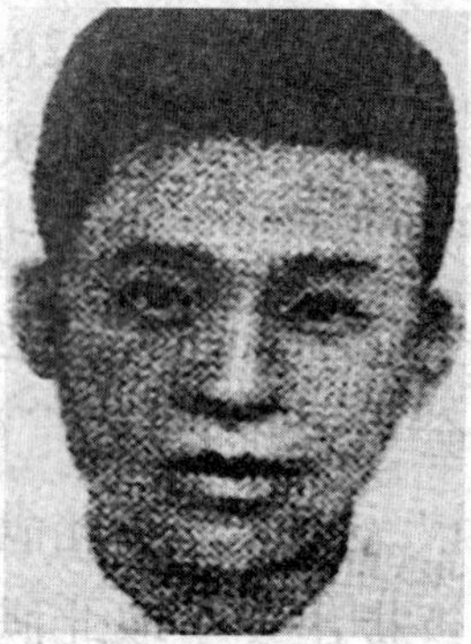
魏长魁

曾历任哈东特委书记、北满临时省委执委委员、临时省委组织部长魏长魁，在1938年遵照北满临时省委转移西征的决定，与郭铁坚率领部队从松花江下游向庆城、铁力、海伦远征。当部队到达通河县清河镇东北苇子沟时，遭到大批日伪军的袭击。战斗中，魏长魁不幸中弹身负重伤，失去行走能力，他坚持匍匐爬行数十里。当他感到难以支持没有归队的希望时，焚烧了随身携带的文件，拔刀自刎，壮烈殉国，时年32岁。2005年，黑龙江省烈士事业基金会、通河县人民政府在江边烈士陵园，为魏长魁烈士建立了纪念碑。

曾历任中共珠河中心县委书记、东北革命军第三军第一团参谋长、第二团团长、第二师政治部主任、师长关化新，于1938年夏天，率领部分队伍去通河县鹰窝密营向省委请示工作，当部队行进到清河北山里休息时，日军飞机在上空盘旋超低飞行，撒下传单要关化新投降。关化新气愤不已，继续行军。到离鹰窝密营不远的槟榔沟沟口时，天色已晚，关师长命令部队休息，生火做饭。但没想到敌人已经形成合围，敌人的小炮、手榴弹、机枪一起向部队开火。在部队突围时，关师长身中数弹牺牲，时年32岁。战士张凤山带领部队杀出一条血路，冲出了包围，终于到达省委驻地鹰窝密营，完成了师长交代的关于向省委请示工作的任务。

第九节　抗日救国会的重大贡献

通河县是在抗日高潮时期建立起来的抗日根据地，抗联部队多，义勇军多，战斗频繁，反日救国会组织多。1936年至1938年，在通河县活动的东北抗日联军有第三、四、五、六、八、九、十一军，掀起了打击日本侵略者反动统治的高潮。全县50%以上的农村建立起反日救国会组织，及时为部队提供情报、粮食和军用物资，动员群众参军参战，等等，救国会起到了宣传群众、组织群众、保护群众，支援抗日部队的重要作用。

（一）抗日救国会的建立及其活动

通河县抗日救国会中有一部分是地下党组织建立的，绝大部分是抗联部队主力进驻通河后建立的。如1936年春，赵尚志率部西征经过浓河地区时，亲自召集各村屯长、自卫团头头秘密开会，向他们宣传我党的抗日民族统一战线政策，强制他们把伪村公所变成我党的抗日救国会，要求他们明着给日伪办事，暗里为日伪办事，一切行动听从我党地下交通站指挥。同时宣布了缴纳爱国粮的标准。地下党组织随之派人在浓河各村屯建立了地下秘密交通站，发展抗日救国会成员，成立秘密的地下抗日救国会，监督伪村公所的工作。

抗日救国会组织动员群众参军参战，组织全县农民集体参军有4次。1935年冬，二道河子、大古洞等村20余户朝鲜族农民集体参加了抗联部队；1936年春，西北河村有30户朝鲜族农民，20多名汉族青年参加了抗联；1936年夏，李秋岳动员18户36人搬到西北河沟里创建抗日游击根据地；1936年8月，二道河子村金宪木烈士女儿金玉善同女友李中玉等15人集体参加了抗联。更有13

岁的李东光、14岁的丛小六、16岁的于八石、17岁的李云龙等志愿参加了抗联部队。像谢恩友、张全富、蓝会田、李长山等人都是自己主动随军入伍的。举家参加抗日的有李保太（鄂伦春族）父子、女儿，清河地区李长山父子三人，祥顺地区雷振山父子，殷成祥全家哥四个，富乡地区“要中国”全家、肖万良等都是全家参加抗日活动。在抗战期间，通河地区参加抗日联军的抗日爱国群众、爱国志士和义勇军近3 000人，壮大了抗日武装力量，有力地加强了抗日联军打击日军的战斗。

抗日救国会组织动员群众为抗联筹集、运送给养。据史料记载：三站三村和兴凤山村一次为抗联送过8 000多斤粮食和其他物资。三站的马玉珠就是给抗联送粮的向导，他道路熟，机智勇敢，曾经4次领人送粮没出过事故。祥顺乡南六方姜寄有冒着生命危险，进城为抗联运送布匹、乌拉鞋、子弹，曾被抗联战士称作“后勤部长”。浓河及富乡各村屯利用农民冬季上山倒套子的机会，用爬犁把6 000多斤的粮食、豆油、食盐、粉条、猪肉、冻豆腐送到山里密营。

1936年春，清河镇双河村为驻扎在西北河的三军司令部送去1 000多斤苞米碴子和一角猪肉、一口大锅；漂河村给抗联送去15 000斤粮食；清河村抗日会长刘占河通过磕头拜把子的关系，和守城门的伪军建立了一条为抗联运送给养的秘密通道。

1937年夏，通河镇城西村、新安村曾两次组织群众给铧子山抗联密营送粮15 000斤。同年冬，清祥（清河、祥顺）地区六七个村屯完成了抗联第三军的过冬棉装制作任务。在敌人实行“归屯并户”，企图割断通河民众和抗联的联系时，各村屯的救国会利用妇女、小孩到野外挖野菜的机会给抗联送情报；利用种地往地里拉种子，上山倒套子或给日伪军拉烧柴、筹备军粮的机会，把抗联急需物品和粮食送到指定地点。

敌伪档案牡警委字270号密件记载着牡丹江地方警务委员长上报材料，哀叹道：“通河县……在治安上殊堪忧虑，可称通河县之毒瘤。而近来此等余党受赵尚志煽动逐渐恢复势力，组织反日会，强迫部落民众全体参加，通河实是难治之癌症。”

（二）爱国民众反满抗日典型事例

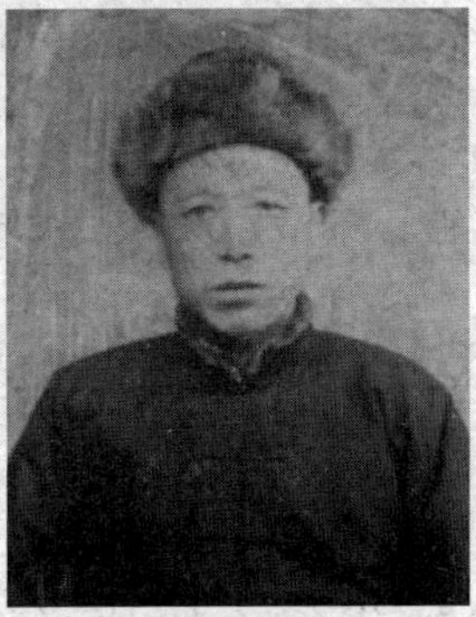

孙朝翰

1.爱国商人商务会长孙朝翰（字佐廷），为人正直、憨厚，懂经营之道。在通河镇内与人合资开办了“宏大涌烧锅”和“永兴隆商店”。自从日军占领通河，他对日军的烧杀掠劫非常气愤，同情支持人民的抗日行动。抗联军长赵尚志和北满临时省委书记冯仲云曾亲自拜访过他，使他更加坚定了支援抗联打击日本军国主义的决心。在他组织下，将通河商界筹集的物资、军装、弹药、药品，一批批秘密送到抗联指定的地点。后来，通河电话局局长刘耀忠告密，1936年6月22日晚，伪警察局包围搜查孙朝翰的家，这时孙掌柜没在家，抓走了永兴隆商号合资人张掌柜作为人质。孙朝翰为不牵连他人，挺身而出。一同被抓捕的还有陈永林及商人肖广儒、李慧川及木业把头共21人。在佳木斯监狱，敌人对守口如瓶的孙朝翰软硬兼施，使用各种残酷的刑罚，他只是说：“我是安分守己的商人，别的什么都不知道。”1936年8月13日，敌人将坚贞不屈，铁骨铮铮的孙朝翰在佳木斯杀害。卢寿辰父子、陈永林、李慧川、肖广儒等十几名爱国人士被投入松花江中。①

2.抗联后勤部长姜寄有，通河县祥顺南六方人，自有一挂马车，人称姜四爷。为抗联搞物资，为抗击日本侵略者做出了很大贡献。赵尚志到姜寄有家拜访，两人谈得很投机，从此入了抗联的

①敌伪档案《牡警委字270号密件》。

"道"。赵尚志、金策、李熙山、李福林、关化新、景永安等常在他家吃住。抗联没有服装找他，没有粮食找他，没有子弹还找他，姜寄有成了抗联的后勤部长。1936年初，一天抗联三军请他到江南大罗勒密一家小铺，把做军服的四匹黄军呢拉回来。日本人守城门很严，于是，姜寄有找到赶大粪车的孙老九。两人把大粪车收拾一番，用大粪车把黄军呢运出城门后，再装到姜寄有的马车上运回南六方。抗联山里被服厂一时加工不出来，姜寄有和村民商量，分散各家一部分，三天后140件黄军呢服装就做出来了。

1937年10月，给抗联买120双乌拉鞋，在出通河镇东门时受到盘查，姜寄有以自家开小铺，给屯子人准备过冬为由，骗过守门警察，安全送到抗联驻地。不久，姜寄有给抗联在通河街里买了100发子弹和100多副绑腿，找他要饭花子朋友帮忙，用要饭罐子、口袋装子弹和绑腿，混出了城。东北解放后，祥顺乡民运主任（党委书记）、关里老干部潘恩波多次看望为民族解放事业做过贡献的姜寄有。1962年姜寄有因病逝世，祥顺乡政府和人民为他召开追悼会，县政府副县长范桂奇代表县委、县政府和全县人民，表示沉痛哀悼。

3.文化人李惠民。李惠民是通河的一位文化人，他为人正直、洁身自好，民族正义感极强。民国时期，他曾在县府司法部门工作，一次他的上司要求他为自己贪赃败露写辩解书，被他严词拒绝，从此离开司法部门到学校教书。1932年5月，日军占领通河后，勒令官办、私塾一律停办，成立由日本人管理的、对儿童进行奴化教育的学校。李惠民是当地一位秀才，对日军向学生进行奴化教育非常愤慨，日伪政权几次请他出来教学，都被他拒绝。伪教育科为了缓和关系，

李惠民

给李惠民的守寡母亲送去类似贞节牌坊的“银盾”，被他当场扔出门外。一天，李惠民到学校把儿子李辰生从教室拽出来，厉声说，再不准去日本人办的学校学习。这些举动令日本人对李惠民恨之入骨，而李惠民宁可饿死也绝不给日本人干事，他从此装疯佯癫十四年，直到1946年通河解放。这十四年，他四处流浪，有时在寺庙里生活，靠他夫人给人洗衣服、做针线活维持艰难的日子。但是，1946年通河解放成立通河中学，他欣然出山，担任中学第一任校长。李惠民是一位有民族气节的文化人，表现了那种“贫贱不移，威武不屈”的崇高精神，他的事迹曾刊载于国家《中国老区建设》2015年第10期“红色经典”栏目。

4.李宝太全家抗日。李宝太，鄂伦春族，原名李绷哥替。1935年，由逊克县松树沟迁居到通河县小古洞沟里。抗联三军在小古洞一带建立了密营，李宝太一家和抗联有了接触，三军稽查处长鉏景芳及其他三军领导经常住在李家，他家成了三军领导经常开会和研究工作的地方。在抗联的影响下，他和儿子李桂下布、女儿李桂香（原名李桂艳丽）都为抗联做事，李宝太父子不顾生命危险，多次给抗联部队带路、送信、送粮，收集和传达情报。一些伤病员经常在李家治疗、养伤，李宝太的女儿李桂香和儿媳，悉心照顾这些伤病员，甚至上山采药为伤病员治疗。抗联战士说，李宝太家就是我们的家。

1936年初，李宝太领着儿子、女儿参加了抗联三军，李桂香被安排在鹰窝密营三军被服厂，李宝太和儿子李桂下布在抗联三军一师警卫连当战士。1936年初，李宝太父子随三军一师在通河、方正一带打游击。父子俩在游牧生活中都练出一手好枪法，在屡次战斗中冲锋在前。1937年4月，随同哈东司令李福林去清河鹰窝密营省委驻地开会途中，在二道河子遭到几百个日伪军包围，边打边撤到二站北山上，父子俩各把一个山头，与敌人展开激战。在突围中李福林不幸中弹，李宝太在抢救李福林过程中，英勇牺牲。1937年11月，李桂下布在通河县祥顺的牛样泡，截击日军爬犁时因头部中弹牺牲。在三军被服厂工作的李桂香，为给父亲和哥哥报仇，化悲痛为力量，工作更加勤奋，在被服厂负责人张义淑带领下，昼夜为三军赶做冬装。没有粮食，以土豆、野菜充饥，为抗日战争做出了应有的贡献。党组织为培养民族干部，1937年派李桂香到苏联学习，后来她和金永贤结婚去了朝鲜。

5.史一之全家抗日。史一之出生在一个文化人家庭，他的爷爷刚毅正直，富有民族正义感和爱国心。在他爷爷教育影响下，几个儿子也都参与支援抗联，筹集运送粮食、弹药等活动。后来爷爷被叛徒出卖，日军把他爷爷抓到宪兵队杀害。日军还把他爷爷的头颅挂在通河南江沿电线杆子上。他爷爷牺牲后，父亲和伯父、叔叔们抗日的意志更加坚定了。史一之的四叔改名换姓打进日本人开的火锯厂，以做苦工掩护从事地下抗日活动。后来他的活动被日本人发现，跑到苏联参加了红军；史一之的老叔根据抗联组织要求，在凤山县城建立一个联络点，公开身份是开杂货店的老板；三伯父家是抗联设在通河县城一个秘密联络点；父亲则由抗联出钱买马拴车当上车老板，负责把筹集到的藏在三伯父家的抗联军用物资，送到凤山镇老叔家的杂货店，再由老叔转送给抗联部队。这条为抗联运送物资的通道，一直保持到抗战胜利。

6.高文良夫妇收养烈士遗孤。1936年冬，中共依兰县委书记唐瑶圃（原名张新一）和他的爱人张友梅，因为身份暴露，情况十分危险，党组织决定调他们立即到部队工作。临行前需把两岁的女儿安排给妥善人家，组织上通过党员周大一和抗日会会员王殿发，在张五屯找到了无子女的高文良夫妇。由于情况危急，在一个风雪夜张友梅把两岁的女孩送到高家。收养共产党员的后代，这在日军追杀共产党员、斩草除根的白色恐怖年代，是有杀头危险的，但是高文良夫妇毅然接受了孩子。为了保护孩子，八九年中高文良一连搬了几次家。后来知道孩子的父母先后在与日军战斗中牺牲，更加疼爱烈士的遗孤。抗战胜利后，12岁的唐继公开了身份。1949年春，党组织把烈士的女儿唐继，送到哈尔滨继红学校读书。长大之后，唐继任哈尔滨第一机器制造厂理化室主任，她把高文良夫妇接到哈尔滨市，像亲生父母一样善待两位老人，感谢他们的养育之恩。

第十节　抗联地下交通站和抗联密营

为了配合抗联的武装斗争，在省委的指示下，抗联第三军同中共通河特支根据当时的斗争形势，在通河建立了4个地下交通站，通过地下秘密战线同日军斗智斗勇，出色完成各项任务。

（一）通凤地下交通总站

通凤地下交通总站是中共北满临时省委执委主席、抗联总司令、东北抗日联军第三军军长赵尚志于1936年冬亲自指示建立的。1936年冬，抗联第三军直属供给处主任、通凤地下交通总站站长杨春奉命和战友们带着赵司令亲自调拨的11匹好马、3挂马车在通（河）、凤（山）、铁（力）三县中心地带的凤山县清茶馆（今通河县凤山镇清茶村）建立秘密交通总站。他们开了一家“杨家大车店”，以种地、运输、经商等形式作掩护，为抗联筹集资金、收集情报、接转抗联工作人员、发展地下组织、扩大抗日武装、打击和破坏日本侵略者军事设施和木材生产计划。在站长杨春领导下，交通站很快在通河8个乡镇建立了10余个联络站（点），发展20多名骨干。1937年，总站增加了领导，并指导相邻地区的抗日地下工作人员，甄别、考察临时中断关系的抗联干部，寻找、收管因伤病失散的抗联人员，协调、经办相关工作等任务。1942年，派人炸毁了平岗河敌人军火弹药库。1943年，秘密协助张瑞麟抗联小分队在凤山开展抗日斗争。1944年1月，杨春去浓河检查工作返回凤山途中，为掩护战友身负重伤，不幸牺牲。1945年春，继任站长杨振瀛（杨春之子）和战友孙禄、袁永庆等交通站主要成员，密切配合王金才等15名警察举行了武装起义，解救出被日伪政权以“思想矫正”关押的无辜群众。

（二）北山地下交通站

北山地下交通站，位于清河镇北。站长高清富和父亲在北山以烧炭为掩护，积极开展工作。在交通站的沟通联络下，1936年至1939年的四年间，清河抗日救国会组织群众，为抗联送去了大量的粮食、乌拉鞋、食盐、布匹、药品，传递了大量的重要情报，有力地支援了抗联部队。1939年冬，日军突然包围炭窑，要高清富带路攻打抗联。他巧妙地利用炊烟发出暗号通知队伍转移。然后领着敌人漫山遍野地转了11天，也没让敌人发现抗联和密营的影子。敌人知道上当后，残忍地杀害了高清富。

（三）富乡地下交通站

1936年春，赵尚志率领部队西征至通河西部地区时，迫使富乡、浓河地区的各村伪村长、自卫团长把村公所变为我党地下抗日救国会。随后，中共通河特支选派崔凤山到那里成立了地下秘密交通站和抗日救国会，协助和监督村公所为抗联筹集粮食、运送给养。1937年，崔凤山亲自将富乡、长兴等村屯筹集的15 000斤粮食用15辆花轱辘车运到三军七师夹谷山密营。日军得知信息后，一连派了几个特务抓捕崔凤山，都被崔凤山秘密处死。日军恼羞成怒，给富乡自卫团下了死令：务必活捉崔凤山。1937年7月，自卫团在德胜小三队将崔凤山包围。战斗中，崔凤山打死打伤4个团丁后，不幸中弹被俘。秋天，崔凤山和13位共产党员及抗日爱国群众在毛家屯被敌人用铡刀杀害。[①]

（四）乌拉浑地下交通站

乌拉浑地下交通站下设4个组，站长翟国清，分别负责警备一团、警备三团、警备游击团的后勤供应。交通站的同志们在戒备森严的虎狼窝里，多次出生入死为抗联部队送情报、搞军需。1938年初冬，负责游击团后勤供应的交通员李伯祥从伪军手中搞到2 000发子弹、两支镜面匣枪。用3瓶大烟土买通了日本宪兵队的康翻译官，由日本宪兵队长亲自押车连人带货安全送出县城。

龙脉山碑碣“乌拉浑抗联联络点”

1938年冬，站长翟国清被警备一团叛徒金山出卖，日军扬言翟国清不投案就血洗他居住的永乐屯。翟国清大义投案，被日军杀害在齐齐哈尔宪兵队。[②]东北解放后，为了表彰乌拉浑地下交通站的功绩，抗联老战士、黑龙江省省长陈雷亲自在交通站活动的地点龙脉山一块巨石上题写了“乌拉浑抗联联络点”8个朱红大字以作纪念。

（五）抗联后方密营基地

抗联主力战略转移到通河后，在大小古洞、西北河、岔林河、凤山一带建立了大小二十几处带有根据地性质的后方密营基地，使通河县成为抗日战争时期重要游击根据地。[③]这些密营，都

①②县档案局存：黑龙江省革命博物馆研究室1992年11月12日《关于通河县革命遗址调查的工作报告》。

③县档案局存：黑龙江省革命博物馆研究室《关于通河县革命遗址调查的工作报告》，1992年11月12日。

建在高山密林易守难攻、不容易被人发现的地方。密营的大小不一。像最大的槟榔沟密营，总面积2 792平方米，内设有哨所、战壕、掩体、碉堡、小型兵工厂、服装厂、医院、仓库、兵营等。小的密营在一些隐秘的地方挖个地窨子（就是一种山洞），出口用一些树木伪装。能容纳三五个乃至十几个人。还有利用猎人的碓营，作为联络点，也算是抗联的一类密营。通河较大的密营槟榔沟抗联密营，其遗址于1986年12月17日经黑龙江省人民政府公布为省级文物保护单位。除此之外较大的密营还有白石抗联密营、铧子山抗联密营等。铧子山抗联密营遗址和青峰岭抗联密营遗址，经通河县人民政府公布为县级文物保护单位。

铧子山四颗杨抗联群雕

第十一节　抗战艰苦阶段的武装斗争

1936年至1938年，通河地区的抗日武装斗争形成了高潮。抗日联军的七个军在通河开展抗日活动，二十多支地方义勇军被编入抗联三军地方警备旅，上百次战斗消灭大批日伪军，打出了占全县70%的红地盘，龟缩在县城的日本士兵轻易不敢出城。牡丹江地方警务统治委员长在上报材料说：“通河已经陷入不治之境，用抗日精神武装的民众不胜枚举……”日本侵略者为巩固东北基地，“围剿”的重点转向了抗联活动激烈的三江省。炮制了“三江省三年（1937—1939）治安肃正计划”，增调日本关东军第四师团和五个伪满军旅，以及靖安军、兴安骑兵团等共25万人组成“讨伐”队，开始向伪三江省各抗日部队大举进攻“围剿”。与此同时，加紧推行集团部落政策，归屯并户，切断部队与地方爱国民众的联系。实行严厉的经济封锁和残酷的政治镇压，使抗日联军在粮食、弹药等军用物资供应上发生极大困难。1938年“3·15”日伪在三江地区进行大逮捕后，包括通河地区在内的地方党组织几乎全部遭到破坏。为了突破敌人对三江地区的“围剿”，抗日联军各军的大部队进行几次西征，到黑嫩平原开辟新的游击区。只留小部分部队在原地坚持抗日活动，抗日斗争进入了艰苦阶段。

（一）抗联小部队在凤山地区的活动

1940年春，抗联与苏联远东军第一次伯力会议确定了相互支援与合作的协议，北满省委书记金策和抗联第三路军领导李兆麟带领部分部队进入苏联境内，进行休整和训练。1941年3月，金策根据形势需要率领一部分队伍返回通河地区活动。1942年10月，金策召开“龙南会议”，将三路军留在国内的各小部队共计三四十人统一编成3个小分队，在海伦、绥棱和通河县一带坚持抗战。

1942年冬，张瑞麟小分队进入凤山地区，在凤凰山上（当地人也称之为“凤凰砬子”）建立了密营，开展抗日活动。1943年1月，金策带领张相龙和刘铁石在凤山岔林河郭把头碓营和张瑞麟小分队会合，决定派鉏景芳和刘铁石去苏联境内向抗联教导旅汇报、请示工作。小分队的指战员继续战斗在大西南岔、浓河、西北河一带。他们白天在山上休息，晚上下山到群众家里宣传抗日救国的道理，发展抗日救国会会员，开展抗日活动。经过几个月的工作，小分队在凤山、浓河建立了两个抗日救国总会，10多个抗日救国会，发展了100多名抗日救国会成员。[①]

1943年6月，小分队在大东南岔韩把头碓营被“讨伐”队包围，在通风抗联地下交通站副站长杨生（化名杨雨山）配合下，从后河套安全撤离。[②]7月20日，小分队歼灭了一伙搜山的日伪军，缴获了一些枪支弹药。9月，处决了两个冒充抗联敲诈百姓的土匪。小分队的活动，揭穿了敌人编造的“抗联已被消灭”的谎言。

张瑞麟小分队抗日活动地纪念碑

1943年10月中旬，在苏联的抗联教导旅旅长周保中和副旅长李兆麟听了鈕景芳等人的汇报后，决定小分队全部过境到苏联休整。1943年12月下旬，小分队接到归队命令。金策、张瑞麟分头向各抗日救国会领导说明去苏联的原因，交代和部署了今后的工作任务。然后，带领小分队的指战员，于1943年底启程，经过一个多月的长途跋涉，在1944年1月来到苏联境内的抗联教导旅北大营驻地。[③]

为了铭记抗联小分队在极端艰苦的敌占区和通河人民同仇敌忾、坚持抗战的丰功伟绩，黑龙江省抗日战争史研究会，于2007年在小分队活动地凤山镇万宝山修建了“张瑞麟小分队抗日活动地纪念碑”。

（二）栾永宽火烧日本军营弹药库

栾永宽是抗联三军二师的战士，精明强干，独立完成许多艰巨任务。赵尚志派他到北满抗联通风地下交通站，后打入伪凤

①史料依据：2001年，抗联老战士李桂林在青峰岭密营战地回访时讲话记录。

②“张瑞麟回忆录”，“杨振瀛回忆录”。

③《通河文史资料》第3辑。

山森林警察队。1942年元月，日军在平岗河军营仓库储备大量枪支弹药等军用物资，春节将近，又运来很多白面、猪肉。栾永宽把这个消息报告给交通站，站长杨春命令他想办法炸掉日军的军火库。他接到指示，在大年三十晚上，乘夜间值班时把松树明子绑到黑天棚的铁皮烟囱上，点燃了大火。军火库、营房等都是木刻楞建筑，很快军营一片火海，弹药的爆炸声震耳欲聋，整个军营连同敌人准备的猪肉白面，化为灰烬。敌人查不出人为放火的线索，只好狼狈地遣散看守部队，撤销了这处军营。火烧日本军火库事件，再一次警告日伪政权，虽然抗联大部队已进入苏联休整，抗日军民仍在战斗。

第十二节　震惊“满洲国”的“四六”事件

（一）日军“思想矫正”惨案

1944年冬，日本侵略者由于在太平洋战争中失利，兵源不足，财力不支，处于内外交困的局面。为巩固东北后方，消灭抗联，接二连三地公布了《治安维持法》《保安矫正法》《思想矫正法》，开始对东北人民进行疯狂血腥的镇压。日军为了清剿三江地区的抗联和与抗联有联系的爱国民众，伪通河警务科特务股，利用金钱、物资收买十多名地痞流氓和抗日变节分子，充当特务狗腿子，常年以种地、种大烟、放山挖人参、冬季打猎为幌子，在北部山区到处搜集抗联活动情况。他们先后打探到1942年冬鈕景芳连长带领五名战士到过凤山小东北岔，了解到金策、张瑞麟小分队在凤山一带活动。通河警务科特务股长藤田（日本人），把得到的情况向三江省警务厅做了汇报。日军又在“巴（巴彦）、木（木兰）、东（东兴）”大检举中，进一步掌握了通河地区有抗联活动和抗日救国会的情况，日军抓捕了通河县浓河镇抗日救国会总会长白玉露，在敌人的严刑拷打下，白玉露叛变投敌，交代了抗联小分队在通河活动情况。1944年10月，伪三江省和滨江省警务厅联合成立了通河反日事件工作组，根据已经掌握的情况，派遣特务潜入浓河、凤山一带进行秘密调查，逮捕了为抗联小分队买粮的于兴仁、万柳屯凤山地区抗日总会长林伯川等人。在敌人的威逼利诱下，林伯川叛变交代了抗联小分队在凤山的活动情况，出卖了凤山地区73名抗日救国会成员，为日本法西斯实施“思想矫正”、屠杀我爱国同胞提供了依据。三江省警务厅长北原，牡丹江最高检察厅检察官木村，亲临通河指挥。由木村、大久保、陈守本、通河警务科长张文选、通方地区检察官罗振芳、通河县长韩琨津、副县长马上正（日本人）等人组成“通河县临时矫正局”，拟定了名单，决定实施大逮捕，在通河地区进行“思想矫正”。[①]

1945年2月13日（正月初一）夜里，日伪当局兵分三路进行搜捕。一路乘汽车在凤山、万柳、船口等村逮捕了孙国栋、张玉坤等90多人；一路在蚂螂河村及山里天合永木营逮捕了袁福臣等16人；一路在浓河街、自然、双凤村逮捕了谢洪生等36人。在日军的残酷刑讯逼供、诱供下，又得到了一个七八十人的所谓抗日救国会成员名单。正月初七，敌人又在凤山逮捕了93人、在浓河逮捕了57人，前后两次共逮捕抗日群众287人。敌人的政策是宁可错抓、多抓，而不能漏掉一个。

为了加快审讯速度，日军成立6个审讯组，后来增加到12个。参与刑讯的伪军、警、宪、特心狠手辣，用刑极其残酷。除用皮鞭、棍棒抽打之外，还坐老虎凳、灌辣椒水、指甲钉竹签、跪碗

①《通河县抗战时期日寇制造的重大损失事件调查》（一）思想矫正事件。

碴、过电、痒刑等无所不用其极。每天从矫正局里传出来撕肝裂胆的惨叫声，稍有一点正义感的人都听不下去。参与审讯的特务都承认“对这次逮捕和审讯，实施了在过去数次审讯中所没有用到的和一切用过的严刑拷打”。[①]中心审讯组负责审讯抗日救国会负责人。在审讯中他们用尽了诱导、逼供、领供等手段，每天都要打死三四个人，仅特务陈守本就用四楞棒子当场活活打死了抗日救国会长、万柳屯长孙国栋、抗日救国会骨干郑义等多人。特务许恩来逼迫宝兴屯王俊峰承认是抗日会长，王俊峰不从被他活活打死。他们还将宝兴屯胡兴权、凤阳村的刘东汉说成是抗联小分队发展的红军大队长，将刘东汉打死狱中。日军为了毁灭滥捕乱杀无辜百姓证据，他们把人打死后扔进大江，还有的被日军押到冰封的松花江上，用刺刀逼他们自己刨开冰面跳进冰窟窿。

（二）万柳“寡妇屯”事件

通河县凤山万柳屯位于凤山所在地南1公里，岔林河西。全屯有76户、370口人，这里的群众富有革命斗争精神，抗日情绪高涨，具有较好的抗联活动基础，村民经常给抗联送粮送菜。1945年2至3月，在日军血腥的思想矫正下，全屯74名18岁以上的男子中有72名（含叛徒林伯川）被逮捕入狱，只有2名没在家的幸免于难。因屯中青壮年男人都被捕，只剩下妇女儿童，人们悲悯地称万柳为“寡妇屯”。

1945年2月13日（大年初一）早晨， 日军突然包围了万柳屯，逮捕了屯长、抗日救国会长孙国栋、抗日群众李春山、李玉山、李贵君、刘青连、王德发、胡凤山、郭振江 、郑义等人。正月初七，日军第二次又在万柳屯逮捕了50多名抗日群众。村民周景山被抓走后，媳妇周赵氏忧愁得悬梁自尽。徐金有母亲徐李氏因为独生儿子被抓走绝望地服毒自尽。被捕的人受尽了折磨，

---

①通河县公安局卷宗，伪三江省警务厅翻译程绍伯供词。

每逢过堂先照脑袋打两下“认识”棒子，接着审问。许化文接连被毒打、过电3次没有招供。李文明被打得血肉模糊人事不懂。孙国栋、郑义、李永江被连续过了10多次大堂，使用了十几种刑罚，可他们守口如瓶、宁死不讲。盛怒之下，大久保这个凶残的法西斯分子用四楞棒子活活将3人打死。孙佩清、王俭、李义等9人被活活折磨致死。他们中有的还没咽气就被扔到城东黄土坑子里，不让死难者家属或亲友收殓尸体。几天下来，先后有12名万柳同胞惨死在日军的酷刑下。

1945年4月6日零点，临时监狱康生院看守警察爆发武装起义，被解救的59名万柳屯抗日爱国群众，义无反顾地追随具有民族气魄的起义伪警察王金才，打死了矫正局院内全部日军，烧死了叛徒林伯川，参加了抗日游击大队，与敌人展开了殊死搏斗。战斗中，万柳15名战士壮烈牺牲，4名战士伤重自杀，2名战士伤重身亡，16名战士被俘后遇害，幸存下来的只有22名。王君、王林两兄弟在铧子山同敌人坚持顽强的斗争，直到日本投降才下山回家。[①]

（三）“四六”武装起义始末

1945年4月6日零时，伪满通河县警备队小队长、矫正局临时看守班长王金才在共产党抗日思想影响下，面对日本法西斯残酷屠杀无辜中国人的行径，在民族正义感的驱使下，和曾经参加过抗联的战士、爱国警察，以及狱中的难友一起，发动了通河武装起义，解放了被日军“思想矫正”的近300名爱国群众，成立了通河人民抗日游击队。是一次东北抗日后期在条件最艰苦、环境最恶劣、斗争最艰难的形势下，举义进行抗日武装斗争的重大历史事件。人们称作“小事变”。

王金才的哥哥王金库参加了抗联，他还结交很多抗联朋友。

①县公安局1952年卷宗第201页，“凤山区矫正情况”；第50页，满特程绍伯供词；第210页，“万柳屯组织沿革与敌人活动简况”。

在这些周围人的影响下，使他有着很强的民族正义感；对日本军国主义的种种惨无人道杀害中国人的行径，深恶痛绝。虽然为生计而在伪警察队伍当差，却暗自为抗联三军一师二团团长张义鹏、抗联警备旅三团辛德贵等义勇军购买枪支弹药、帮助抗联维修过枪械，有时传递情报。[①]在他调到“思想矫正”临时监狱当看守班长后，他非常同情这些无辜群众受到的非人折磨和虐待。天天看到有人被打死，他痛心疾首。他只能做的，让伙房做的稀粥多下米，让“犯人”吃饱；还替家属给“犯人”转送衣物、烟、吃的，要求把炕烧热乎些。这些事被警察队长王明山发现后，受到严厉辱骂，日本人藤田狠狠地打了王金才两个嘴巴。为救出这些庄稼人，王金才忍气吞声，决心要谋划起义。他对看守班的警察说：中国人算完了，我王金才豁出去啦，拼上这条命也要跟敌人干！咱们拉出去，找抗联、上苏联！他秘密串联十几位看守警察，大家一致同意举行暴动。看守中有曾参加过抗联、去过苏联、共产党员身份的孙禄，还有蒋志堂曾在吉林邓铁梅部队打过日本侵略军，这两个人，在王金才率众起义时成为骨干。[②]

被关押的抗日爱国群众，在敌人的监狱里，受到非人道的酷刑、逼供，天天有被折磨死的人。在不到十几天的时间就杀害了20多人，制造了骇人听闻的“思想矫正”惨案。期间，原依兰地下党员李盛彬，1938年因“3·15”事件，依兰党组织遭到严重破坏，他辗转外地，来通河后在兴农合作社工作。他在下乡过程中结识了万柳屯的孙国栋（抗日救国会会长），两人交情很好。日军在大逮捕中把孙国栋抓进矫正监狱，为营救孙国栋，孙国栋的姑丈母娘福兴旅馆老张太太，找到李盛彬，求他和朋友王金才帮忙，救救娘家侄女女婿孙国

①通河县公安局卷宗《通河县矫正事件“四六”综合材料》第21页，1952年5月30日“四六”事件暴动原因调查。

②中共黑龙江省党史研究室编著的《东北抗日联军名录》第141页。

栋。李盛彬通过救孙国栋，做过王金才的思想工作；[①]抗联通凤地下交通站站长杨振赢，为营救被抓捕矫正的地下交通员袁永庆、谢洪生，孙玉堂等，也找过王金才商议如何营救他们出狱。这些无疑更加坚定了王金才起义暴动的决心。[②]

王金才

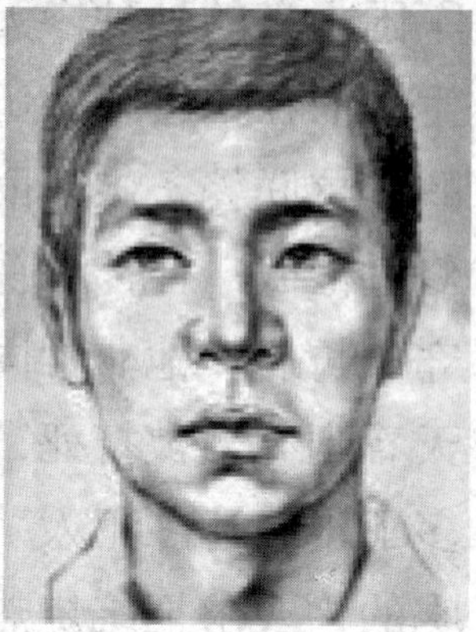
孙禄

面对日军的残酷屠杀，面对多少被捕的家属、朋友的求援，王金才、孙禄、蒋志堂等人研究决定采取暴动起义，解救被“矫正”的群众。成立抗日游击队，开展武装抗日斗争。经过周密的策划和准备，起义定在即将开江的4月6日凌晨。

1945年4月6日零时，王金才、孙禄、蒋志堂、赵明久等15名爱国警察，缴了县警备队的枪械，打开康生院（临时监狱）、法院、保安股留置场几所监狱，放出所有人犯近300人。占领县公署、警备电话局、电话电报局，打开军械库和被服库，发放枪支弹药和服装，宣布成立通河县人民抗日游击大队。大队下设3个中队。王金才任大队长，孙禄为参谋，宣布“杀完日军去苏联、找抗联”。放火烧毁伪县警察署和库房。各中队分头向日本人住的挺身寮（宿舍），日伪特务住的宏大涌烧锅，伪县长和日特藏身的江边小白楼发起攻击。全城枪声四起，火光冲天。被惊醒的市民，人们欢呼：通河翻过来了！打日本侵略者去！日本侵略者倒台了！

---

①中共通河县委调查组《关于李盛彬同志申诉问题调查情况的报告》，1992年11月5日。

②事件重要当事人杨振赢回忆录《参加武装大暴动》。

当人们确知警察们暴动后，一些来看望被矫正的亲人家属，县城郊区的群众，很多人也参加到起义队伍中。起义队伍占领县城十多个小时，打死日警日特30余人，伪警4人。激战中，孙禄在县城北门战死，共产党员袁永庆等人在小白楼相继牺牲。天亮后，王金才整顿队伍于9时撤出县城，在城北12里的桦树村用过午饭后，带队向北山里白石进发。

杨振瀛

“四六”起义当天天还没亮，伪通河警务科监督警尉山本二夫，踩着即将开江的薄冰，逃到松花江南岸的一个叫“墙缝”的地方（是渡口），用警备电话向方正伪警务科和三江省警务厅报告了通河暴动的事件。三江省警务厅接到通河伪警察暴动的电话，上下惶恐不安，立即集结了通河、方正、依兰、汤原、木兰、滨江省警校、三江省日本宪兵400多人赶赴通河，加上日本通河县的开拓团民共1 000余人的队伍并成立“讨伐本部”，开始“围剿”起义队伍。在孙船口设立“讨伐”指挥所，由伪三江省警务厅警备科长马昶利秀任“讨伐”大队长，指挥所有军队，在飞机的配合下，对起义队伍进行疯狂的“围剿”。同时，成立了以佳木斯日特大久保、伪县长韩琨津为首的宣抚工作本部，他们利用张贴布告、散发传单，利用恐吓和物资引诱等手段，瓦解、诱骗起义人员投降。起义队伍在铧子山西北沟和罗圈营子以及凤山的小柳树河子、白石砬子、一棵松等地进行了英勇的抵抗。但由于伤病员和家属多，队伍行动不便，在小柳河子屯被敌人包围。战斗中，环绍双为掩护部队突围壮烈牺牲，20多名伤重和体弱有病的起义人员被俘。二中队进入铧子山后，被敌人重重包围，战士们先后壮烈牺牲，中队长谢洪生自杀未遂，重伤被俘，牺牲在佳木斯监狱。[①]一中队在队长吴景奎、起义骨干刘凤山率领下，占领白石砬子要塞，接应陆续到来的战友。当最后一批战友到达后，佳木斯和木兰的讨“伐队”尾追上来。为了战友的安全撤离，一中队顽强阻击，连续打退了敌人数次进攻，战士们相继阵亡，吴景奎、刘凤山、吕凤山举枪自杀。

5月2日，起义队伍被敌人包围在白石砬子，双方经过一天的惨烈战斗，阵地被占领，70多名起义人员壮烈牺牲，许多负伤的人员和家属被俘虏。与此同时，日伪政权在通河县城从4月6日下午大开杀戒。对进城走亲戚的、看病的、做小生意的，以及进城看热闹的人进行盘查，很多人被当场击毙。日特押着甲长逐户搜查，按户口和甲长对证人员。对无户口证明的，蓄长发或新剃头的，以及他们认为可疑的，一律逮捕。加上因受刑受伤未能逃出的被矫正人员，一共70余人，押到城南松花江边，被集体枪杀。

5月5日，王金才下山收拢溃散的起义人员，在祥顺北稗子沟不幸被捕，押往佳木斯三江省监狱。在日本天皇宣布投降的前五天的8月10日上午，伪牡丹江最高检察院刑事矫正委员会，匆忙组成临时法庭，宣布王金才等29名起义人员死刑。这天大雨如注，在三江省会佳木斯竹板屯万人坑被日军杀害。第二天下午，日军又将被判无期徒刑的10名起义人员押到万人坑枪杀。

在通河“矫正”被捕的287人中，在监狱审讯中死亡的和“四六”起义中死亡共185人（含在佳木斯监狱牺牲的39名起义人员，不含其家属和“四六”事件受牵连人员死亡数）。参加王金才起义的15名警察，王金才、孙禄、蒋志堂、环绍双、刘凤山、吴景奎、赵明久、肖争、刘国斌、牟永华、张志臣、闫万林12名牺牲，只有张海青、李春芳、王国臣在佳木斯监狱被释放得以生还。起义人员孙仁、邹二，万柳屯的王君、王林兄弟俩，在铧子

①公安局卷宗第192页，殷成禄谈话。

山坚持到“八一五”光复。船口屯的张振义，在“四六”事件后逃回屯子后，一直躲藏在西山坟地一口棺材里，由家人秘密送饭躲过了日伪搜捕，直到“八一五”光复，才见天日。日伪政权在“思想矫正”监狱中残害致死的，和在“围剿”暴动人员中屠杀的抗日爱国群众200多人，制造了骇人听闻的惨案。在长春“伪满皇宫博物院”的“东北沦陷史陈列馆”，有这样的记载：《日伪统治者在东北制造的重要惨案》十一起，其中第八起即《通河惨案》。时间：1945年4月。地点：伪满三江省通河县。行凶者：伪满滨江、三江省特搜班。暴行：被害死210人，逮捕291人。

“八一五”日本投降后，王金才的妻子岳氏从佳木斯监狱释放出来，在佳木斯竹板屯万人坑找到王金才的尸体，装入棺椁运回通河。通河北部山区各村屯为王金才立庙，纪念这位铁血英雄。通河人民政府为纪念这位反满抗日志士，把城内原协和校改为金才校，把王金才曾住过的协和区改为金才区。

陈列在哈尔滨市东北烈士纪念馆展出的《通河“四六”起义烈士》展板

2005年8月15日，在纪念中国人民抗日战争暨世界反法西斯战争胜利60周年之际，东北烈士纪念馆举办了反映东北抗联斗争历史《黑土英魂》大型图片展，首次展出这一重大历史事件。

（四）“四六”事件的缘起、影响和历史意义

中共通河县委调查组，于1992年10月，对“四六”事件起因调查认为：

1. “矫正”是“四六”事件爆发的根本原因。大批被“矫正”人员拷打致死，日伪的暴行激怒了伪通河县看守警察的强烈不满。“四六”事件的爆发是“矫正”的结果。

2.王金才本人有民族意识。王金才任伪警察期间曾参加过抗联活动，曾给抗联三军警备旅张义鹏部队多次秘密送过军用物资。“矫正”期间他担任看守班长，对日军残害中国人十分愤慨。王金才虽然在敌人的营垒中，却有一定的民族意识和觉悟。

3.伪警察内部因素。据证实，看守警察中的孙禄曾在抗联做过事，蒋志堂曾在吉林邓铁梅部队打过日本侵略者。他们接受过共产党抗日思想的教育，对日伪的暴行产生了强烈的不满。

4.被“矫正”人员的作用。在被抓捕的三百余“矫正”人员中，有曾经被抗联的张瑞麟、朴吉松于1942年发展过的抗日救国会成员，有过去曾在抗联地下交通站工作过的人员，有共产党员袁永庆、谢洪生（被抗联收编的地方警备旅某迫击炮连长），有地方警备旅某营营长孙玉堂等义勇军头目。他们被捕后，通过各种关系做伪警察的工作。起义中，伪警察得到了被矫正人员的积极支持和配合。

5.日伪军对伪警察的不信任是起义的导火索。看守被“矫正”人员的伪警察，经常往监狱里给 “犯人”送东西，使日伪军越来越不放心，想把伪警察全部换成日本人，致使伪警察人人自危。特别是王金才因给监狱里送吃的，受伪警备队长王明山辱骂，被日本人打了耳光，扬言要枪毙王金才，并报告了日特大久保。王金才感到事态严重。

6.党的影响是“四六”事件的内在因素。在被抓捕的抗日爱国群众和伪警察中，程度不同地接受过共产党关于抗日思想的教育和影响，具有一定的民族意识和思想觉悟。李盛彬通过救孙国栋，通风地下交通站的杨振赢为营救几位地下交通人员，在和王金才接触中，都是党的抗日思想在影响着起义领导人。①

综上所述，王金才、孙禄等爱国警察发动的“四六”起义，是一起在共产党抗日思想影响下，由爱国伪警察牵头和监狱中的爱国群众，里应外合的集体反抗行动；是一次通河人民反抗日军残酷迫害的民族大暴动；是一起彰显民族大义的英雄壮举。

王金才、孙禄等爱国警察、爱国民众发动的“四六”起义，给人们一针强心剂，人们看到中国人的反抗力量，看到日本人在中国作威作福的日子长不了。“四六”起义当天，不仅有很多市民和郊区农民参加了起义队伍，当地群众自发地起来和日军斗争。4月6日上午，通河北的曲家屯（新民村），以于殿方、娄某某为首的村民，愤怒打死一名从浓河来的日本开拓团的人；在蚂螂河北一棵松，有李志久和李豆腐坊、老吕家等，合伙打死一名前来登记的日本人。

伪三江省当局对这一事件深感不安，被人民的反抗力量吓破了胆儿。对通河日伪行政要员和警务人员进行了免职和大调换。伪县长韩琨津、副县长马上正（日本人）被停职罚俸，新调来伪县长于学道。伪警务科长张文选、副科长佛园（日本人）被免职，其他所属警察署、派出所、分住所的伪警大部分进行了调换。

以王金才为首的爱国伪警察率众起义，虽然在日伪的军事“围剿”和政治瓦解中失败，但其政治影响震动了满洲，沉重地打击了日伪政权的嚣张气焰，动摇了日伪在通河的统治基础。起义者控制通河县城十余个小时，打得日伪警政人员焦头烂额，抱头鼠窜。通河“四六”武装起义震惊满洲帝国和日本本土，拖住了两省（三江、滨江）、一市（佳木斯）、五县（通河、方正、

①县公安局1952年4月15日公政字第71号《通河县矫正事件综合材料》第13页记载。

木兰、依兰、汤原）的军警力量，阻止和延缓日军思想矫正的罪恶行动，据敌伪档案证实，为准备矫正铧子山、大岗屯（林胜屯）、凤山的清茶村反满抗日人员的计划没能实施。日伪政权在行将灭亡的前夕，“四六”起义，如黎明前的一声惊雷，让饱受十四年亡国奴生活的通河人民看到了曙光。

（五）伪警官吏的爱民行动，赵校长仗义救村民

在日伪政权对“四六”起义人员“围剿”屠杀中，也有良心未泯的伪警察，敢于出面保护人民免遭杀害。吴绍农，伪满警佐，“围剿”“四六”起义人员时，从三江省警务厅调到通河担任第六特设搜索班负责人。当年4月9日他带队在万柳屯搜捕潜逃回家起义人员时，保护了得了重病回到家的许化文。两名伪警要带走许化文，吴警佐说，这人得了伤寒病，快完蛋了，咱们走吧！等两名伪警出去后，他给许化文留下一些镇痛药，并告诉许化文转告其他潜乡回家人员，遇到日本人审问，就说直接跑回来的，没参加暴动。这样使20多名起义人员躲过了劫难。又一次，日本人川村警佐要把8名宣抚回来的起义人员押送通河，吴绍农出面对川村警佐说，既然承诺被矫正的人自动投诚回来，可以安心回家种地，就不能再抓，否则对宣抚工作不利。终于保护了8名起义人员。

在“围剿”起义人员时期，北部山区各村屯都驻扎有日伪军，进行宣抚和搜捕。逃散的起义人员不敢回屯。万柳屯有的人偷偷地给不敢进屯的人送粮、送饭，被凤山的苏警尉知道后，写了材料报告给警察署长高铭三。吴绍农预料情况严重，紧急找到高铭三，并设宴安排高铭三喝酒，在酒桌上要求高铭三把苏警尉上报的材料，交给他搜查班处理。吴警佐接过材料后，便把事情压下了，保护了送粮送饭的村民。新中国成立后，在镇压反革命运动中，万柳村76户村民联名保下这位在日伪时期能保护同胞的伪警官，没有受到镇压。

蚂螂河伪警察署长祖文成，在“围剿”“四六”事件起义人员中，也保护了很多人。“四六”武装起义时，蚂螂河屯一些热血青年，也纷纷进城参战。在敌人大规模“围剿”中，很多人被俘或被捕。祖文成设计了一个办法，他秘密安排几个最要好的磕头弟兄，以暴动裹胁的名义把回到家的起义人员造了一个花名册，说暴动队伍强行让花名册上的人，给他们当小背运送给养，不是暴动人员。让人当着日本人所真门的面，把花名册交给祖文成，并请求救人。祖文成接过花名册向所真门保证说，这些人是无辜的，如果真抓捕他们，可真太冤枉了。所真门要过花名册，没有抓捕这些在册上的参加过起义的人，保护了几十人。

伪校长赵麟书仗义救村民。“四六”武装起义，在桦树村南阻击战中，炸毁了一辆日军汽车，击毙12名日军。侥幸活命的两个士兵逃回通河报告说，桦树村是匪窝。敌人又根据起义队伍在桦树村用午饭，决定血洗桦树村。

1945年4月7日天刚刚亮，一个日军大佐带领100多名士兵，包围了桦树村。把全村男女老少300余人圈到学校操场，四周架起四挺机枪。日军一个上校拿出一纸文书，通过翻译向村民宣读伪三江省血洗桦树村的命令。人们几乎停滞了呼吸，一场大屠杀就要开始，在日军即将屠村的最危险之际，会说日语的赵麟书校长挺身而出，大义凛然地说：“我知道昨天暴动分子在桦树村一扫而过，村里都是大日本良民，没有一个是土匪和暴动分子，我可以用我的人头和全家人性命向您担保，请阁下收回成命，放了这些无辜群众。”日军大佐听了赵校长的话，思索片刻，认真地反问道：“你真的敢担保？”赵麟书把手放在自己脖子上做砍头状，毅然决然地回答：“是的！”这场人命关天的大祸，终于免除了。日军大佐临走时说：“如有人通匪死了死了的！”

第四章　抗战胜利后国共两党在通河的斗争

（1946—1949）

1945年8月8日，苏联对日本正式宣战。8月9日零时，150万苏联红军分东北西三路，沿长达600公里国境线，进入我国东北，对日本关东军发起闪电式猛烈攻击。在苏联红军和中国抗日部队的打击下，日本关东军整个防御体系顷刻瓦解。同时，日军在中国其他战场和太平洋战场也节节败退，大势已去。

8月9日，毛泽东发表《对日寇的最后一战》，指出："对日战争已处在最后阶段，最后战胜日本侵略者的时间已经到来了。号召八路军、新四军及其他人民军队，应在一切可能条件下，对于一切不愿投降的侵略者及其走狗实行广泛的进攻。"东北抗日联军响应毛泽东主席号召，积极配合苏联红军参加解放东北的战争。1940年，东北抗联为保存实力，陆续进入苏联远东伯力600余人进行整训。1942年8月，抗联部队编入苏军序列，成立了抗联教导旅。苏军对日宣战前夕，教导旅在中苏边界的中方一侧及纵深地带，展开对日伪敌情的侦察工作，为苏军进入东北提供了大量真实、准确、详细的军事情报。抗日教导旅，有280多名中国抗联指战员直接参加了对日攻击的先遣队。他们有的担任向导，有的为指挥官当参谋，有的参加突击队，冲锋在前。通河的抗联战士卢连峰就是其中之一。

第一节　通河人民喜庆抗战胜利

8月14日，日本宣布接受《波茨坦公告》，8月15日，日本天皇宣布无条件投降，伪满洲国政权就此垮台。东北人民艰苦卓绝的14年抗战终于赢得了最后胜利，它是中国人民在近代第一次完全战胜外来侵略者的战争，是中华民族走向复兴的转折点。消息传到通河，全县一片欢腾。受尽了14年奴役之苦的通河人民如释重负，高兴地奔走相告，载歌载舞，自发地扭起了大秧歌，欢庆通河解放。

15日下午，松江游击队在张家通击沉日军“庆兰”号木制运兵舰，消灭艇上400多名日本关东军的残兵败将，“阳春”号炮艇上的6名战士光荣负伤。

16日上午，一架苏联红军战机在通河镇西9公里的大白水，击沉一艘载有100多名从战场上溃逃下来日本军人的大型舰艇。

17日，一架苏联红军的飞机在通河的上空盘旋了几圈后，撒下漫天传单，上面印有中日两国的文字，大意是：日本天皇已经宣布无条件投降，命令日本人原地等待受降。人们看到这一件件令人振奋消息，情不自禁地高呼，中国真的光复了，太阳真的露出来了！但在敌人的营垒里，人心惶惶，混乱至极。那些担任过伪满官职的日本官吏、宪兵，纷纷焚烧文件、资料，毁灭血腥统治中国人的罪证。街上再也见不到日本人和狐假虎威的伪警察等人趾高气扬的身影了。

18日至19日，在县城北关道上，威武雄壮的苏联红军骑兵部队、步兵部队、汽车队、坦克队、大炮车队、机动车辆队、水陆两用装甲车队，在我东北抗日联军教导旅的配合下，徐徐不断地向哈尔滨方向挺进；在县城南松花江上，苏联红军炮艇编队、战舰炮艇编队犹如钢铁巨龙昂首向上游哈尔滨方向行驶。地方维持会组织市民手执五彩纸旗，列队到城北路边和城南江沿欢迎苏联红军。

卢连峰

1945年8月20日上午9时，抗联教导旅第三营五连少尉排长卢连峰、准尉白凤林和宋永丰3人，带领2 000多名苏联红军进驻通河县城，成立苏军卫戍司令部，格勒瓦奥夫斯基为司令官，对通河实行全面军管。成立通河卫戍区司令部，卢连峰任副司令，通河城防司令部司令。卢连峰1937年参加抗联，历任东北抗联十一军二旅骑兵团长隋德胜的警卫员、抗联六支队政委于天放的警卫员、抗联教导旅三营五连少尉排长。中午10时，苏军在原县公署广场召开了有城内居民和各界人士参加的群众大会，卢连峰主持大会。他说：我们在苏联红军的帮助下彻底打败了日本帝国主义，今后在中国共产党领导下，和通河人民共同建设和平民主的新通河！人民群众欢呼雀跃，场面十分动人。同时，抗联教导旅接收通河的3名中共党员，根据上级指示成立了中共通河党支部，召开了第一次党支部会议，选举卢连峰为党支部书记，白凤林和宋永丰为委员。中共通河党支部受中共合江地区委员会领导。

第二节　伪官吏抢先成立维持会及国民党党部

为抢夺东北人民苦斗十四年取得的抗战胜利果实，蒋介石下令日本关东军只能向国民党政府及其军队受降，中共领导的人民武装一律不得擅自行动。并派遣军政要员潜入东北，收编日伪警察、特务、土匪，封官许愿，组织反动武装，以便“担当后方扰乱，相机占领哈尔滨”。与此同时，中共中央于1945年9月，决定成立以彭真、陈云、程子华、伍修权等为首的中共中央东北局。发出了“向北发展，向南防御”的战略号召，党中央先后派遣包括20名中央委员在内的2万名干部和10万大军，迅速挺进东北，与东北抗日联军结合，消灭日伪残余势力，建立各级政权，创建东北革命根据地。

日本宣布投降，伪满洲国垮台，统治通河的日本官员逃之夭夭，伪县公署等机构自行解体，一时间通河境内行政权力出现真空。那些失去权力而又不甘心退出历史舞台的伪官吏，预谋成立地方维持会，乘乱夺权。幻想南京国民政府接收东北政权后，升官发财。原伪县长于学道、原协和会会长艾青山、原通河镇街长王希舜、原警务科长张登仁以及原凤山警察署长高铭三，这些人表面拥护苏军临时实行军管，以假积极骗取信任，于8月18日召开了伪官吏、伪警、地方豪绅等近百人参加的成立通河县临时权力机构——地方维持会。于学道任委员长，艾青山、王希舜任副委员长，张登仁任候补副委员长。维持会成立后，他们在经济上捞取实惠，抢占开拓团土地，瓜分日伪财产。据史料记载维持会的头头们，先发了一年的薪俸，每人可以分到100多袋白面。在政治上为国民党能接管通河时捞取资本。

8月下旬，卢连峰司令召开了地方维持会主要成员参加的城防会议，改编地方自卫队，成立保安队，任命原凤山警察署长高铭三为保安大队长，队伍在原来的基础上扩充了50名伪警。随苏军接收通河的工作组宋永丰和李景印为副大队长，下设两个中队。宋永丰少尉亲自到各乡镇组建区保安队，宋永丰还到苏联红军驻通河司令部要来40支枪，配备各中队。但没想到的是，这些原伪政权的人物，表面欢迎苏军，以维持社会治安为幌子，暗地里却在酝酿着叛变，幻想着国民政府卷土重来。

1945年8月，原伪通河县公署行政股股长熊福昌、协和会员韩少阳等人筹划成立通河县国民党党部。确定筹备会委员长由原通（河）方（正）两县首席检察官罗振芳担任，到9月初发展国民党党员39人。9月20日，举行了国民党通河党部正式成立大会。国民党黑龙江省党部委员邹树春，代表省党部宣布了通河党部机构和人员分工。委任王会全为党部书记，罗振芳、陈庸为委员，在日本人小学校大门上挂起了通河县国民党党部的牌子。10月10日是国民党双十节，因为听说八路军要攻打通河，书记长王会全借故连庆祝会都没参加。双十节过后，党部的主要成员纷纷逃亡外地，党部的牌子也不知被谁摘下当柴火烧了。1947年7月，罗振芳、熊福昌等6人被我人民政府逮捕，其他人逃亡外地，不到二年的国民党党部便消失了。

第三节　保安大队长高铭三叛变

1932年5月通河沦陷后，高铭三被任命为县警察大队长，伙同日军诱降和残杀义勇军，谎报战绩枪杀无辜伐木工人，多次受到伪满政权的表扬，1943年6月提升为通河森林警察大队长兼凤山警察署署长。1945年，伙同日军制造了惨无人道的“思想矫正”血案，他两手沾满人民鲜血。“八一五”日本投降后，换了一副面孔，假积极迎合苏联红军和接收工作组。卢连峰改编地方自卫队，成立保安大队，被任命为保安大队长，宋永丰和李景印（抗联教导旅战士）任副大队长，下设两个中队。高铭三任职后，明里配合卢连峰工作，暗地里为国民党接收通河做准备。他网罗伪满同僚，公开请出伪满警佐毛凤林、刘文、温树润、王明山等伪满警官，架空接收工作组派到保安队的两位副队长。他把富乡、凤山、清河、三站等地的保安队编入县保安队，成立了保安总队，大小头目清一色伪满警特，总兵力600多人。大量买进枪支弹药，为叛变投靠国民党做准备。暗地派原协和会长艾青山、邱介民去哈尔滨找国民党接收人员。9月15日，高铭三竟然公开逮捕了卢连峰、白凤林和李景印等人，关进监狱。当天夜里，李景印乘敌不备逃出，搭乘汽车赶到哈尔滨，向中苏友好协会会长李兆麟报告了情况，李兆麟通过通河苏军卫戍司令部救出卢连峰等人。10月初，卢连峰看穿了高铭三的反动本质，准备改组保安总队，充实工农骨干。决定调乌鸦泡治安队进城成立武装守纪队。高铭三得到消息后，用4万元兵饷收买土匪于平心，暗杀了乌鸦泡治安队长张明武，逮捕了合江省派到通河做接收工作的宋殿选等人。不久，高铭三接受了国民党改编，被任命为中央先遣军忠义救国军第一旅少将旅长。12月，中共佳木斯地委根据通河高铭三叛变的实际情况，为安全起见，撤回工作组，卢连峰带领100多名指战员进驻依兰。

第四节　解放通河的战斗

1945年11月5日，合江省行政专员公署在佳木斯成立。通河县归合江省行政公署管辖。由于没有建立人民政权，叛匪高铭三勾结土匪篡夺了通河的领导权。合江省行政公署决定要捉拿叛匪高铭三，解放通河。

（一）合江省自治军一战通河

1945年11月中旬，合江人民自治军副司令员戴鸿宾率队从依兰过江攻打通河。部队顺利通过清河、祥顺，直逼三站。高铭三闻讯后，责令三站街长刘宝山赴军中诈降，谎说三站人民“杀猪备酒欢迎”，另派保安队第四大队赶赴三站城东埋伏。自治军先头部队到达三站后，看到了列队迎接的人群，贸然前进，遭到敌人的突然袭击。自治军大部队于下午6点向三站发起进攻。高铭三加派一大队、二大队、骑兵队增援，并亲率护卫乘汽车去三站督战。在骑兵队和二大队的夹击下，自治军被迫撤退。24名指战员壮烈牺牲，一名战士身负重伤，30余名战士不幸被俘。①

（二）自治军二战通河

1945年11月21日，合江人民自治军司令员孙靖宇决定第二次攻打通河。第二营在营长吴云浦率领下到达通河，清除了扼守在西南门外砖窑的炮手队。第二天凌晨攻城战斗打响，4挺重机枪对准县城西门两个炮楼猛烈扫射，掩护两个排进攻。由于炮楼里各有1艘舰艇上用的重机枪（号称十三毛），我方火力压制不了对方，连续派出的3个爆破组都没有炸毁城门和炮楼。吴营长指挥全部轻重机枪集中封锁炮楼掩护部队冲锋。一排代理排长陈生身背大铡刀，率领全排冲进城壕，踩着人梯、爬上城墙、砍开电网，指挥战士炸毁了炮楼里的重机枪，敌人拼死抵抗，陈生不幸牺牲。在这关键时刻，吴营长和副连长杜胜身先士卒爬上城墙，向上来的敌人猛烈扫射，吴营长不幸中弹壮烈牺牲。战士们怀着对敌人的无比仇恨搭起人梯冲上城墙向纵深扩展，敌人疯狂还击，战士张祥双臂被炸断，他忍着剧痛将1个敌人撞下城墙。杜副连长左臂被炸断，仍然坚持指挥战斗。二排代理排长王宝太冲上城墙，同围上来的敌人展开肉搏，被敌人刺中腹部，他拉响

①马彦文著《通河解放记事》，载《铧子山情缘》第7页。

了手榴弹和4个敌人同归于尽。战斗持续了两个多小时，原定配合作战的依兰县骑兵大队，因大队长景龙潭叛变，根本没有到位。[①]负责接应的戴副司令员也没按时到达。教导员亓导泉审时度势将部队撤出了战斗。这场战斗，营长吴云浦以下18名指战员壮烈牺牲，30余名战士负伤。[②]

（三）八路军解放通河

高铭三两次侥幸获胜，被国民党晋升为木（兰）、东（兴）、通（河）、方（正）、庆（安）五县先遣联防军中将司令。他和土匪李华堂联手向江南推进，扬言要把中共北满分局的“八路军总部”打出宾县，气焰十分嚣张。

中共北满分局书记陈云果断地下达了“由主力部队消灭江北胡子——国民党建军土匪”的命令。决定对通河采取三面合围之势，迅速解放通河。

刘转连

1946年1月，合江人民自治军在司令员方强指挥下，歼灭谢文东、张雨新等匪军后，挥师西进，向盘踞在清河镇、祥顺山以及方正县大罗勒密的李华堂匪军展开了剿杀，歼敌600余人。李华堂带领残部逃到通河三站地区。在这同时，吉黑军区司令员高岗率领松江地区部队，三五九旅旅长刘转连、政委晏福生率领七一八团从呼兰出发，经巴彦向木兰、通河进军。2月2日，浓河、富乡保安队纷纷缴械投降。3日，李华堂匪队闻讯后狼狈逃窜。5日，三五九旅兵临通河城下，旅长刘转连亲笔致信高铭三，命令其立即出城投降。当天夜里，高铭三带领匪队300

①马彦文著《通河解放记事》，载《铧子山情缘》第7页。

②吕宝林著《缅怀烈士热爱家乡》，载《松水长流通河情》第50页。

多人及家眷悄悄地弃城逃跑。在呼兰元宝岗子，被我军打散。随同逃跑的于学道、王希舜被击毙，高铭三逃脱。

2月6日（正月初五）清晨，三五九旅官兵在老百姓夹道欢迎下，威武雄壮地开进通河县城，召开群众大会，宣布通河解放，至此通河县人民过上了当家做主的日子。

高铭三于1946年3月在凤山沟里向我军投降。不久便又逃跑潜伏外地武汉。1953年镇反运动中被清查出来，1954年被依法处决。①

第五节　陈云率中共北满分局进驻通河

1945年11月17日，苏联履行同蒋介石签订的《中苏友好同盟条约》，将中长铁路沿线大城市交给国民党政府。这样，在哈尔滨、齐齐哈尔、佳木斯等城市的我党、政、军领导机关和武装力量必须要撤出来。中共北满分局、松江省工委和松江军区等机关，于11月23日移驻宾县。北满分局书记陈云在宾县期间，起草了给东北局并转报中央的《对满洲工作的几点意见》，号召全体同志到农村去，准备进行长期艰苦斗争，放手发动群众，扩大武装力量，反奸清算，改造政权，建立北满根据地。

1946年1月份，北满分局委员，原北满著名将领李兆麟，从战略角度出发，建议把北满分局驻地设在抗日游击根据地的通河县。认为通河战略位置好，群众基础深厚，全县70%的山区林海，有利于作战的回旋余地。建议受到陈云的重视并被采纳，陈云率中共北满分局于1946年2月9日进驻通河。

中央政治局委员、中共中央东北局北满分局书记、吉黑军区

①三五九旅旅长刘转连回忆录载《党史资料》8辑第42页。

（即北满军区）政委陈云，中央政治局委员、吉黑军区司令员高岗及中共松江省、松江军区的领导随大军进驻通河县后，中共北满分局、北满军区机关及中共松江省委、省军区机关随后进驻通河县城，分局机关和吉黑军区均在“大兴当铺”院内办公，门前挂起“吉黑军区司令部”牌子。陈云、高岗、参谋长李天佑以及从苏联回国的中央委员李立三等人住在“大兴当铺”附近的许家大院。松江军分区司令员聂鹤亭和副司令兼参谋长李寿轩食宿在原伪县公署址路南。为了方便开展工作，分局成立了延（寿）、方（正）、通（河）中心县委，选任分局干部刘向三为中心县委书记，机关设在通河。成立了松江军政干部学校，为与国民党争夺知识青年，陈云亲自批款四万元（东北币），在原伪满农业高等学校址创办了通河中学，1947年改为“松江省第五中学（现通河一中）”，并派去从延安抗大来的赵志萱、延安大学自然科学院的刘任需、王希敏、刘振芳，鲁艺学院研究员、学者、作家毛星，以及赵光宇、席肖山、齐剑侯等七位资深文化人，作为第一批教员。推举当地有威望、懂管理，长期从事教育工作、具有民族气概的李惠民为第一任校长。通河中学成立后，为革命根据地建设培养了大批革命干部。

陈云办公住所

中共北满分局进驻通河，直接指挥了北满的革命斗争，支援了全国解放战争。3月13日，北满分局在驻地通河镇江边小白楼西侧的松江省军政干部学校召开北满各地干部300多人大会。通河县直机关营级以上干部参加了会议。陈云在会上发表了著名的“在通河干部座谈会上的讲话”，指出：“要粉碎国民党对东北的进攻，在军事上必须肃清土匪，消灭国民党的战略先遣队；在群众工作上，要开展反奸清算进行经济斗争；在财经工作上，要没收敌产搞好税收，计划开支，增加生产，解决好生财之道”。陈云重要讲话对北满根据地建设起到了重要作用。会后，陈云将东北局派来的240名山东干部，组成3个民运工作团开赴通河、木兰、方正三县，深入广大农村，广泛发动群众，开展建党、建政、剿匪和土地改革工作，在工作中取得了宝贵的经验，推动了北满地区群众运动的深入开展。

1946年4月下旬，苏联红军撤出哈尔滨。4月28日，陈云和中共北满分局，吉黑军区机关及松江省松江军区机关撤离通河进入哈尔滨。刘向三奉命留守通河，仍挂“吉黑军区司令部”牌子。5月10日，北满分局致电东北局向中共中央报告工作成果，他们的做法得到了中央的赞同。5月19日，中央情报部致电东北局：“关于木兰、通河、方正三县群众工作经验很好，我们已转给热河省作为他们参考”。

陈云和北满分局在通河期间，不但指挥了北满地区的工作，还为建设和巩固通河根据地做了大量的工作、培养了大批干部。

第六节　建党建政巩固政权

（一）建立中共通河县委

通河解放后，北满分局派来的108名干部也随军到达。1946年2月7日，成立了中共通河县委员会和通河县民主政府，八路军干部戴谦任县委书记，代理县长。通河县隶属中共合江省工委、合江省政府。8月，由松江省委、省政府领导。

县委成立后，很快在8个区建立了区委和区政府，在反奸清算斗争的火线上秘密发展党员。5月，全县进驻工作队的村屯（街道）和单位普遍建立了党的组织，仅半年就发展党员121名。

1947年底，县委在土改运动中开展了以查阶级、查思想、查作风和整顿组织、整顿思想、整顿作风为内容的整党活动。前阶段在反奸清算、减租减息斗争中，缺乏严格的政治审查，致使伪装的一些阶级异己分子、投机分子混入党内。通过“三查、三整”，清理出26名混入党内的阶级异己分子、流氓分子以及严重违法乱纪分子，初步解决了县区党员干部队伍中的组织不纯、思想不纯、作风不纯的问题，提高了党员干部的政治素质，增强了党性，为全县整党建政工作培训了骨干。[①]

中共通河县第一任书记戴谦

1946年3月至1948年7月，为秘密建党阶段。1948年3月5日，根据社会政治环境的改善，全县由秘密到公开发展党员工作。各区普遍建立了党的民主生活制度，加强了党员的思想教育。到3月15日，全县有党员500名（外来党员32名），分布在机关和63个村、26个屯、7个街道。有50个村（街）、屯建立了党组织，成立了36个党支部。12月，县委结合民主建政工作，对党员干部进行了一次深刻的思想教育，发现和培养一批党的积极分子，又发展237名新党员。

1949年8月至9月，县委对全县17个村（街）、两个企业的薄弱党支部进行了整顿。陆续发展一批新党员，到新中国成立前全县有党员750名。通河县党的组织由于不断地整顿、提高、巩固，党员的

①黑龙江人民出版社《中共中央北满分局》第597页、第205页，《黑龙江省通河县政军统群系统组织史资料》第13页。

作用更加突出，党的基层组织也逐步起到了战斗堡垒作用。①

（二）建立通河县民主政府

1946年3月15日，在县委领导下，召开通河县临时参议会，大会以无记名投票方式选出参议会议长戴谦（县委书记）、副议长白玉臣、刚允恭（党外人士）、刘明伦、齐连山等六位为委员。成立了通河县民主政府，推举石峰为县长兼行政委员会主任，推举王茹生、张刚、韩文彪、李惠民等为行政委员。在大会闭幕式上，县长石峰宣誓就职。县政府设立了秘书室、民政科、教育科、财粮科、建设科、公安科、司法科、邮电局等8个机构。从此，新的民主政府在县委的领导下带领全县人民进入新的历史阶段。民主政府建立后，县委县政府组织民运工作队，分赴各区开展政权建设。全县划分8个行政区，即城区（通河镇）、三站、桦树、祥顺、清河、凤山、富乡、浓河区。各区相继成立了区民主政府，各村普遍建立由全部贫雇农参加的农会，全县各区政权组织相继组建完成。3月下旬，中共中央东北局正式任命石峰为通河县政府县长，戴谦任专职书记。②

通河县临时参议会全体成员

1947年8月，哈北专员公署撤销，通河县由松江省直接领导。同年12月县委派工作组在6个村、2个街进行民主建政试点。1948年1月初，试点结束，县委抽调大批县区干部600多

①黑龙江人民出版社《中共中央北满分局》第597页、第205页，《黑龙江省通河县政军统群系统组织史资料》第13页。

②《通河县志》333页。

人，其中有东北局派来的关内干部80多人，组成民运工作队，在全县范围内开展了以土地改革为中心的建党、建军、剿匪反霸以及民主建立村级政权工作。

1949年1月，县委顺利完成了全县区、镇、村、街建政工作。3月末，全县建立了8个区、74个村、9个街（道）政权，选出人民代表1 915人，村（街）干部830人。村村建立了农会。其中，清河区二道河子和新兴2个朝鲜族村按照少数民族实行自治的原则，建立了村级政权。

（三）建立人民武装和群团组织

1946年，通河县民主政权建立后，开始组建自己的武装队伍，成立了通河县城防司令部和剿匪司令部，组建了工人大队，维护社会治安，保卫新生政权和参加剿匪斗争。不久，在工人大队的基础上组建县大队。10月，县大队扩编到4个连队，成立独立营。相继建立了浓河、富乡、三站、祥顺和清河5个区中队，有力地配合主力部队进行剿匪斗争。1948年，独立营转入主力部队。通河县组建了公安大队，肩负起清剿残匪和维护社会治安的重任。在民主建政过程中，县委、县政府十分重视群团组织的建设，建立健全了工会、儿童团、共青团、妇女联合会、农会等群团组织。

第七节　区中队叛变和剿匪斗争

抗战胜利后，由于有日伪残余势力，警、匪、特和国民党干扰，通河地区的形势十分复杂，社会治安混乱。国民党各派系名目繁多，各种组织纷纷进入各地进行建军，搞破坏活动。在他们的煽动和影响下，通河地区的土匪猖獗。那些唯恐受到人民惩办的敌伪残余势力、土地改革运动中被斗垮的地主恶霸和土匪沆瀣一气，勾结在一起。他们造谣生事，用欺骗、威胁手段拉拢我们新建立的区中队干部和队员，进行叛乱活动，冲击区政府，袭击县武装部队，杀害区委干部，破坏土地改革，形成一股不可忽视的反动武装力量。

（一）区中队叛变

1946年2月至6月间，通河县三站、清祥、浓河三个区中队相继叛变，富乡区中队叛变未遂。

1946年3月，三站成立了区政府，同时组建了区中队。伪满时期三站伪自卫团长王海任中队长，他的叔伯兄弟恶霸地主王桐、王勋被清算斗争，关在监狱中。在国民党建军土匪吴震策动下，于4月29日，趁区长刘丕云去县里开会之机，王海打开监狱救出叔伯兄弟、地主王桐、王勋等人，并胁迫20名区中队队员叛变。绑架、杀害了三站区农会主任金万发，区干部孙荣。然后逃窜到乌拉浑沟里，纠集50多名匪徒在三站、祥顺一带袭扰民间，残害百姓。5月份，进攻三站区政府，放走9名在押地主，又杀害了区干部李之荣、李青云。7月份，投靠李华堂，曾三次攻打区政府，袭击三五九旅五团，气焰十分嚣张。9月份，被我剿匪部队在乌拉浑歼灭。王海、王桐被政府枪决。

1946年5月，为了解决区中队枪支弹药不足，集中力量打击土匪，保卫政权，县委决定将清河、祥顺两区合并为清祥区，并联合组建了区中队。由清河区民运工作委员会主任（中共清河区委书记）王玉玺兼任中队长，但各屯选送来的队员成分复杂，有些敌对分子也混进来。如过去报号“鹏飞”匪队大掌柜孙鹏飞，有投降日本当了伪警察班长的朴德胜等，他们暗中和国民党建军头目勾结，阴谋叛变。王玉玺和祥顺区民运主任、区委书记潘恩波发觉了他们的阴谋，认为必须马上整顿中队人员。清河离县城较远，清河区政府只几个人，人少力单，在当地组织整顿危险性大，5月17日，决定以到县开会名义把队伍拉到县里再行动。当队伍走到张五屯天已黑了，离祥顺还有十多里地，全队驻在田庆家里。预谋叛变的朴德胜等已发觉去县要整顿组织，先下手为强，就在第二天黎明前，早起的潘恩波和从山前屯叫回的区中队警卫员、通讯员邢贵春在窗外北墙根沟通情况时，忽听屋内两声枪响，朴德胜等15名叛匪突然发难，朴德胜枪杀了还没睡醒的王玉玺，缴了另外14名队员的枪械，胁迫他们叛变。潘、邢知道情况不妙，一边撤，一边和追来的叛变人员战斗，然后从屯北稻田地水壕中向公路各奔东西，侥幸脱险。叛匪杀回清河，杀害了区农会会长郑金发。朴德胜带领队伍过松花江投靠建军土匪李华堂。这年冬天，我剿匪新四军三师七旅，将叛匪朴德胜、王海包围在小古洞北山，歼灭其大部。1947年2月，穷途末路的朴德胜在张五屯抢粮时被抓获枪毙。

浓河区在组建区中队时也是把关不严，自愿报名有一个收一个。一些土匪出身、伪保安队员、地痞流氓混进了队伍。1946年春天，为支援全国解放，各中队要选拔一批骨干充实正规部队。一心盼望国民党来接收的反动分子中队副排长石玉坤，借机煽动说：去当八路军，不如拉出去当胡子。在他鼓动下，中队有12人，加上外部加入的有近30人参加叛乱。他们把叛变时间定在区长张云鹏到县里开会的6月3日，张云鹏及时发现了石玉坤的阴谋，做了充分准备，在3日夜间，在张云鹏的震慑下，叛匪逃之夭夭。后来石玉坤和江南惯匪刘荒子（刘鹏飞）汇合，活动在山区对各村屯烧杀抢劫，残害百姓。1947年7月初，县委书记戴谦亲自带领县大队、三七部队（新四军三师七旅）一个连，将匪首石玉坤以下30余名匪徒击毙。

1946年6月，富乡民运工作委员会主任（中共富乡区委书记）蒋东鲁，得知区中队长李向阳和龙耀廷等人阴谋叛变的消息，决定先发制人。他一面稳住这些人，一面向县领导汇报，6月16日，采取让中队头目上县里领新枪之机擒获匪首的办法。果然，叛匪李向阳等主动带领中队送上门来，被县大队当场擒获，平息了一场叛乱。

（二）剿匪斗争

“八一五”日本投降后，在通河活动的国民党建军势力有四家，他们掌控着土匪，串通一气。其一是自称国民党东北忠义救国军中将李华堂，手下有三股土匪：有窃取通河临时维持会保安大队长的高铭三，手下有600多人；第二股是抗联叛徒，活动在铧子山的县保安队第二大队的于平心；第三股是顽匪，活动在清河、祥顺的薛良。其二是建军势力代表人物国民党东北第六路军长姜兆祥，收容了通河国民党党部组织的抗共青年团，其核心人物是于津川，预谋建立东北青年社义勇军。其三是建军势力代表人物国民党新编二十七军军长姜鹏飞，他手下的顽匪是木兰东兴区中队长李松林；其四是建军势力代表人物国民党新编六军军长吴铁良，他掌握通河贾文林、于纯水两股土匪，近50人。

除此之外，还有四股自立山头的匪徒。他们是占据浓河沟里和铧子山的刘鹏飞（刘荒子），有匪徒50 多人；占据清河小古洞沟里的李四海，有马匪100多人；流窜在蚂螂河沟里的陈喜贵，匪徒10余人；还有盘踞在铧子山的杨振邦。当时通河共有土匪十二股400多人，最多时1 000多人。

土匪的罪恶累累，他们在日本投降后，造谣惑众说“共产党不是正统，国民党蒋介石才是正统”，“国民党中央军到哈尔滨了”，造成人民思想混乱，骚扰村庄，破坏生产，袭击政府，杀害干部，破坏反奸清算和土地改革运动。1946年4月14日，东北局、东北民主联军司令部及时地联合发出《关于剿匪工作的决定》。通河的缴匪斗争是在中共北满分局陈云指导下进行的，1946年3月13日，在通河召开的有300多干部参加的会议上做的《当前形势与任务报告》指出：土匪是国民党战略先遣队，击溃土匪意义很大。北满分局任命前吉黑军区后勤部政委刘向三（后任国家水电部副部长）到通河，统一指挥通河、方正、木兰三县的剿匪斗争，抽调八路军一二〇师三五九旅五团部分部队、松江省人民自卫军、新四军三师七旅二十团（简称三七部队）进驻通河剿匪。与此同时，县委积极组织广大人民群众支持剿匪斗争，组建县大队、区中队、村屯民兵自卫队，配合主力部队剿匪和维护地方社会治安。由于我军采取了武装剿匪和政治瓦解的策略，大打人民战争，很快便取得了剿匪斗争的重大胜利。1946年5月，通河城防司令部政委魏一与率领县大队、清祥区中队300余名指战员直逼土匪老巢槟榔寨，击溃惯匪薛良、尚永山，缴获长短枪支50余支。50余名残匪逃到汤旺河沟里时被通河、依兰、汤原三县联合剿匪大队全部消灭。6月，县委召开会议，提高对剿匪保政权的重大意义的认识，各区委对群众进行正面教育。严厉地制裁了12名通匪、资匪、助匪分子，同时，清洗了区中队和干部中不可靠分子。7月初，三七部队某连、县大队和浓河区中队在县委书记戴谦和独立营长崔震率领下，向盘踞在浓河二屯（双凤村）的石玉坤、刘鹏飞匪队发起攻势，先采取围而不打、政策攻心的办法，每天向土匪投射传单，喊话，10天后匪首刘鹏章、贾文林、陈喜贵、于平心、杨振邦等带领匪徒下山投降。在押解途中有的又逃脱，击毙10多名土匪，余匪在浓河沟里被全歼。7月中旬，三七部队某连得知刘鹏飞逃回老家方正县后，连夜过江赶到方正县常古屯，击毙8人，击伤2人，俘虏16人。刘鹏飞埋藏枪支弹药，阴谋东山再起，被我人民政府抓获镇压。

7月下旬，剿匪部队在清河小古洞“孔家营子”围歼薛良匪队后，余匪窜到汤旺河木营，被通河、依兰、汤原三县剿匪部队击毙杨营长以下3人，击伤7人，俘虏40余人，缴获长短枪50余支。8月下旬，三七部队将李华堂匪队堵截在小古洞北山，击毙匪首杨永俊、孙鹏飞以下30余人，数十名土匪投降。李华堂带领残匪逃到小古洞沟里时被三七部队一个连包围，击毙李四海以下3人，俘虏10余人。匪首李华堂在刁翎东山口被三五九旅五团某部一连活捉。10月，三七部队七团攻打铧子山四牌（屯）土匪时，该村小学教师许自良和村里陈炮主动带着一个排率先摸进屯边，歼敌20余人，收降土匪30多人。

在武装进剿大股土匪的同时，县委在全县范围内对土匪开展了强大的政治攻势，发布《告土匪书》《告土匪家属书》，和方正县联合发了《剿匪公告》，通过释放被俘和投降的土匪回去传话、召开土匪家属会议、动员家属写信等方式，向土匪宣传政府的宽大政策，去争取和瓦解土匪，收到了立竿见影的效果，有力地配合了军事进攻。到1946年末，全县投降和争取回来的土匪266人，外县66人。至此，通河县境内的大股土匪全部被消灭。

1947年上半年，全县只有12名土匪在蚂蛳河、凤山沟里流窜。县公安局采取各种积极有效的措施，扫清了土匪的社会基础，使土匪活动受到了极大的限制和打击。1948年4月，一些惯匪和散匪全部肃清。据不完全统计，在剿匪过程中，我军在通河战场上打死土匪1 007人，伤敌100多人，俘敌448人，投降和争取回来的土匪266人，缴获长短枪1 000余支，轻机枪6

祥顺革命烈士陵园

挺和大量弹药。

在剿匪斗争中，有134名优秀共产党员、革命干部、解放军战士和农会积极分子在战斗中壮烈牺牲或惨遭土匪杀害，8人光荣负伤。他们为通河人民的彻底翻身解放，为子孙后代的幸福生活而忘我的献身精神，永远为通河人民所怀念。县委、县政府为了纪念革命先烈，在县城北门外建立了革命烈士陵园（后来迁至江畔公园）；为纪念牺牲在清祥地区的通河县城防司令部政委魏一与和清河区委书记王玉玺，将清祥区改为魏玺区，张五村改为魏玺村，并在祥顺镇东修建了王玉玺烈士墓和革命烈士纪念碑。

（三）硬汉郑金发和剿匪勇士许自良

在剿匪斗争中，为保一方安居乐业，打匪除恶，多少共产党员、革命干部、解放军战士和农会积极分子献出了宝贵的生命，本书不能一一介绍他们的姓名和事迹，但有两个人不能不在这里记上一笔，一是清河区农会主席、硬汉郑金发，一是剿匪勇士许自良。

郑金发，是1932年闯关东来到东北落户清河的山东人，通河解放后，在党的教育下走上了革命道路，被选为清河地区农会主席。在郑金发的带动下，清河地区打土豪分田地的运动搞得轰轰烈烈。他引领区中队到日本移民屯起出来30多支枪和弹药，带领区中队清缴活动在小古洞沟里的惯匪李四海。1946年5月17日，清祥区中队在朴德胜胁迫下叛变，杀害了区长王玉玺，逮捕了农会主席郑金发。郑金发大骂群匪背叛革命，揭露朴德胜杀害区长王玉玺的罪行，骂得朴德胜无地自容，被激怒的朴德胜号令匪徒将其一顿毒打，昏了过去又用凉水把他激醒。醒来的郑金发仍然怒斥叛徒没有好下场，他劝说那些被裹胁的队员要迷途知返，找工作队、找县大队，打死朴德胜，回到人民这边来……朴德胜恨得咬牙切齿，最终命令手下人开了枪。硬汉郑金发，一身铮铮硬骨，为领导农民翻身求解放，壮烈牺牲。

当地人民政府为郑金发烈士修建了烈士墓，1992年抗联老战士黑龙江省原省长陈雷亲笔为郑金发烈士题写了“铮铮铁骨铸江山”条幅。2004年，清河林业局、清河镇政府筹集5万元资金，重新修建了郑金发烈士墓。

在清剿土匪期间，铧子山小学教师许自良，配合三五九旅作战立过战功。惯匪贾文林、刘鹏章等几股匪徒在铧子山一带抢劫民财，残害百姓。为保卫村民和学生安全，富乡区政府给大岗屯（今林胜村）党支部书记许自强、教员许自良哥俩发了枪支弹药，发动村民修整了村里四角炮台和护墙。土匪视许家哥俩为眼中钉、肉中刺，一天匪首派一个土匪送来通牒，要他们缴枪，否则血洗大岗屯。许自良把县政府发布的《告土匪书》交给他看，要他回队告诉贾文林，尽快缴枪投降，争取宽大处理。来的土匪再次嚎叫，要明日不缴枪叫你们血流成河。许自良怒不可遏，甩手一枪将其击毙，把尸体挂在护城墙上。第二天匪首贾文林纠集五六十匪徒前来报复，许家哥俩和村民沉着迎战。许自良在炮台喊话：我们村的人都是炮手，你们看着骑红马人的帽子！说话的同时，只听“啪”的一声，那人的帽子飞了出去。随着枪声，护村大墙里屯民喊杀声震天，贾文林吓得掉头撤走了。

许自良还配合新四军三师七旅七团，围剿盘踞在铧子山南山下四牌的土匪，歼敌20余人，收降30多人。战后七团刁营长为许自良请了战功。

第八节　恢复发展经济

1946年春，为了恢复和发展经济，县委抽调机关干部及东北局派来的关内干部、部分中学生和土改积极分子600人组成民运工作队，深入村屯发动群众，开展反奸清算、减租减息斗争，调查摸底，认真解决广大农民最迫切的困难和要求，为开展土地改革做准备。

1.摸底调查

工作队进入村屯后，通过走家串户、访贫问苦、扎根串联、召开各界群众座谈会等形式，宣传党的主张，充分发动群众，培养积极分子，建立农会，组织农民武装，打击土匪侵扰。对恶霸地主、汉奸算压迫剥削账，进行了阶级、社会、政治、经济等情况的调查。3月中旬，县委根据初步调查的情况，召开了各区民运工作队长会议，对下步反奸清算、减租减息斗争作了部署。对汉奸比较集中的城区以反奸清算为重点；满拓地、开拓地较多的三站等区以分满拓地、开拓地为重点；桦树等区以减租减息、增加工资（劳金钱）为重点。会后，各区迅速掀起了反奸清算、分配日伪土地的高潮。

2.安抚救济

工作队下去后，宣布免去日伪时期留下的一切农贷、田赋、苛捐杂税。把从敌伪手中没收的粮食、食盐等生活急需品发放给灾民。对春耕种不上地的或种后无力经营的，政府根据灾情减免公粮。省军区还调集日伪遗留的更生布、衣服、帽子，发放到穷苦百姓手中。1947年备耕期间，县里及时发放贷款，全县水稻种植面积扩大，比1946年增加了3倍。1948年备耕期间，县政府为困难农户发放贷款、豆种、稻种、粮食、豆饼、食盐，解决了农民的急需。

3.反奸清算

各区民运工作队深入村屯后，宣传党的减租减息政策，发动群众，依靠贫雇农积极分子，展开了减租减息运动。与此同时，

1946年3月，县委根据中共中央东北局、北满分局的指示，召开了各区民运工作队长会议，对开展反奸清算斗争作了部署。4月末，全县开展增资（劳工薪水）斗争6次，减租斗争5次，减租减息斗争13次。仅城区、桦树、三站等3个区25个村屯，823户佃农从136户地主手中减回粮食382 409斗（一斗相当50市斤），减回现款945 415元（东北流通卷）全县共清出土地261垧，粮食260石，房屋29间，现金1 466 800元，还有大批物资，分给贫苦农民。减租减息斗争取得开局胜利。

为震慑地主、汉奸，杀一儆百，在县委统一安排下，1946年4月4日，在县城召开了有各区、村（街）、屯代表参加的千人大会，公开清算和审判了通河县头号汉奸、拥有500余垧地的大地主、伪协和会长艾青山，判处其死刑，没收其全部财产。此举沉重打击了敌伪反动势力，振奋了人民群众的革命精神。会后，各区群众初步发动起来。全县组织群众开展区村斗争大会38次，反奸清算斗争11次，参加人数多达1.5万人。清算斗争恶霸地主、汉奸、特务30多人。

3.分配日伪土地

1946年，通河县总耕地面积44 994垧，其中，满拓地、开拓地15 000垧，分布在全县各区。日本投降后，这些地被伪维持会成员和大小地主抢占。许多贫苦农民无地可种。县委根据广大农民的要求，于3月中旬到4月末，将清出的8 985垧满拓熟地和2 583垧开拓熟地分给了无地和少地的农民。①

恢复经济，促进工商企业发展。1946年3月，县委设立专卖局和贸易局，经营粮油食盐和日用百货。将私营的宝兴源油米厂改为“军民商店”，发挥稳定全县粮油食盐及人民生活必需品的物价和保障供给的作用。1946年至1947年，民主政府对私营工业实行改造，将宏大涌烧锅、三合米厂、益丰米厂等12个私营工业

①《走向辉煌》第一篇，通河解放后县委工作（二）土地改革和反奸清算。

改造为国营企业。县发电厂恢复向镇内送电。两年里，建立了农机厂、县制米厂。1948年，成立通河运输站，开通通河至哈尔滨客运线路。由于县委对私营工业和个体手工业者实行保护和扶持的政策，到1949年，全县私营企业发展到329户。①

第九节　开展土地改革运动

（一）新中国成立前土地占有情况

1946年调查，全县8个区、92个村屯，20 000户，53 700口人。总耕地面积44 994垧，日伪占有的满拓地、开拓地15 000垧。在私人占有的耕地中，有100垧以上的大地主17户，100垧以下，50垧以上的中地主44户，50垧以下的小地主39户，共100户，占总户数的4.8%，占有土地11 000垧，占私有土地的39%；富农、中农1 500户，占户数的7.5%，占有土地19 994垧，占私有土地的60%；无地和少地的贫困户18 404户，占总户数的87.3%，而拥有土地只有1%。从以上数字看出，全县百分之十几的地主、富农，占有全县土地90%以上，而80%以上的农户没有土地。拥有上百垧土地的一家地主，相当于几个行政村的土地。地主、富农利用垄断土地和相应的生产资料牲畜、农具来残酷地剥削广大农民。地主、富农剥削农民的方式多种多样：1.地租剥削，租种地主、富农的地，到秋按六四或七三分成；2.劳力剥削，给地主干活有长工、短工，都是微薄的劳薪；3.高利贷剥削；4.抬粮剥削；5.出租牛犋剥削；6.仗势掠夺等。

地主阶级完全过着寄生虫生活，地主一般不直接经营土地，

①《走向辉煌》第二篇，解放战争时期的民主政府（五）恢复经济，促进工商企业发展。

也不参加劳动，都由管家“狗腿子”负责经营。有些大地主吃喝嫖赌，抽大烟、娶小老婆，无所不好。有些经商人，也把一部分资金投到土地上来，进行土地、商业双重剥削。在这种封建土地制度下，广大农民由于没有赖以生存的土地，缺吃少穿，有的沦为乞丐，有的甚至铤而走险。

1946年5月4日，中共中央发出《关于清算减租及土地问题的指示》指出，“解决解放区的土地问题，是我党目前最基本的历史任务”，6月中旬，通河县委召开了全县党政军负责人会议，会议决定坚决执行中央《五四指示》，发动群众反奸清算，减租减息，实行土地改革，做到“耕者有其田”，从政治上和经济上彻底打垮封建统治。

（二）粉碎敌人反攻倒算的阴谋

1946年6月，全县各区村屯开展了减租减息、清算地主富农土地，把土地分给穷苦农民的分地运动，打开了土地改革工作的新局面。土改运动是贫雇农和地主两个阶级的斗争，是在农村谁说了算的阶级较量。那些失去大部分土地、耕畜和浮产的反动地主、特务、汉奸，在清算斗争一开始便展开了激烈的反攻倒算。表现为：一是造谣惑众，他们散布“中央军就要来了，你们小心点！”有的对分到土地的农民说“你们种地，我收粮食”；二是拉拢腐蚀干部，暗地里给农会、区干部送钱送东西，甚至使用美人计；三是利用某些干部的缺点、短处，扩大宣传，损害干部和政府的威信；四是和土匪相勾结，形成一股反动势力。他们勾结匪徒策动区中队叛变，攻打区政府，释放被关押的地主，杀害农会干部和区干部，气焰十分嚣张。

面对如此严峻形势，为了巩固新生的民主政权，保证土改的顺利进行，县委采取三项措施。首先，加强人民武装力量，成立了城防司令部，组建县大队，整顿或重建成立区中队，各村屯成立民兵自卫队，配合主力部队剿匪和维护社会治安。其次，在各区干部、工作队中进行内部整顿，清除一批不可靠分子。最后，于8月份，抽调大批党政干部深入到各区发动群众，检举揭发恶霸地主与土匪相勾结进行复辟的罪行，召开群众大会，公审和处决了有复辟活动的汉奸和恶霸地主30余人，在全县范围内大张旗鼓地镇压了一批反动分子，震慑了敌人，反动势力销声匿迹，通匪、资匪、助匪的暗流被闸住。

（三）开展平分土地运动

1947年10月，中共中央颁布了《中国土地法大纲》，彻底废除封建土地制度，平分土地。通河县委举办了全县500余名农会干部参加的土地改革骨干培训班，布置平分土地的做法和步骤。会后，全县掀起了平分土地热潮。11月，县委召开了区干部扩大会议，会上介绍了县委书记朱荣，副书记孟戈非在桦树、岔林两个村“划阶级定成分、平分土地的试点经验”，部署了贯彻《中国土地法大纲》和划阶级、定成分、平分土地工作。当时提出口号是“穷哥们土地分不好，子子孙孙吃不好”，在土改运动中，通河县委充分发挥舆论工具的作用，县委的《通河小报》及时报道各地土地改革的进度、做法和经验。年末，县委结合各区在平分土地过程中存在的问题，提出了7条具体解决平分土地问题的办法和意见。1948年1月6日，县委召开了区委书记联席会议，对平分土地运动作了进一步的部署。1948年3月21日，全县平分土地工作全面胜利结束。全县农村人口48 729人，总共打乱平分土地32 058垧，并由县政府发放土地执照，实现了耕者有其田，农民成了耕地的主人。

农村通过全面划阶级、定成分，各行政村正式成立了贫雇农代表大会。中共东北局和松江省委先后发出指示，明确了贫雇农代表大会的性质、任务和权利，贫雇农代表大会为村屯的最高权力机关，负责检查农会、政权工作，审查罢免干部，领导划阶级、定成分、分土地等工作。

（四）纠正“土改”运动中的“夹生饭”和“左”的偏差

1947年2月16日通河县委召开了第一次农民代表大会，传达贯彻了东北局关于消灭“夹生饭”的指示精神。查找了“土改”运动中的“半生不熟”的问题。“夹生饭”的表现：一是封建地主没有彻底打倒，威风仍在。他们招摇惑众，拉拢腐蚀干部，进行复辟活动；二是地主的走狗、爪牙等坏人混进了农会，有的把持领导权；三是农会缺少骨干力量，工作被动。有的农会干部和地主没撕破脸皮，对本村的地主不敢进行斗争。工作队离村后，地主又占了上风。产生这些问题原因很复杂，会议决定：在总结经验教训的基础上，深入发动群众，整顿农会组织，清除阶级异己分子，培养骨干力量，让政权真正掌握在贫雇农手中。彻底解决土地分配不均的问题，对地主、富农的浮产要挖净，加强对地主、富农的监督。县委根据各地在解决“夹生饭”斗争中提出的问题和农民代表大会讨论的意见，制定了消灭“夹生饭”的八条措施和重新分地分财产的三条规定，及时推广了长兴屯发动群众、消灭“夹生饭”的经验和岔林、桦树两村几种分地方法。9月份，全县7个区92个有“夹生饭”的村屯全部“煮熟”。

在消灭“夹生饭”的同时，根据上级指示精神，县委抽调138人组成“砍挖”工作队，开展了“砍大树，挖底产”运动，即砍倒地主这棵大树，挖地主隐藏的金银、车马农具等浮产，挖潜藏的土匪、特务、混进干部队伍的地主、狗腿子和坏人等。深入发动群众，清除了城东屯、桦树、柞树等村农会里的地主狗腿子或亲信，罢免了地主黄殿林的“狗腿子”、外号李大缺德农会会长的职务。岔林屯挖出当上屯长的地主“狗腿子”郭万林，依山、兴隆、大古洞，挖出勾结土匪攻打区中队的张凌阁等3人。各地又挖出地主藏匿的土地90多垧，粮食467石，金子170两，银子156斤，牛马310多头，以及大量布匹服装等。镇压了民愤极大的地主、汉奸、伪警等反革命分子48名，“砍挖”运动使地主、恶霸、汉奸威风扫地，各级农会组织得到巩固加强，农村的大权真正掌握在贫雇农手中。

土地改革运动是一场摧毁几千年来封建制度的大变革，取得的成绩是巨大的，但在“煮夹生饭”“砍挖”运动中，广大农民长期遭受封建地主的残酷压迫剥削，积怨太深，报仇心切；特别是有些村屯没有进驻工作队，群众自发起来斗争，缺乏党的领导，发生一些过火行为；在掌握政策上偏左，造成打击面宽。“左”的偏差严重的凤山屯，共125户竟斗争了72户；富乡屯230户，被斗争和受连带斗争的有55户。侵犯了中农利益，把富裕中农和中农当作为小富农斗争。在城镇侵犯了工商业者的利益。商业户160家，被斗81家。其次在斗争中，打、杀的人过多。

中共中央、东北局、松江省委及时发出《关于立即纠正土地改革打击面过大的指示》，通河县委于1948年2月，积极采取各种有效措施和办法落实了党的政策。经过重新划阶级，占全县总户数20%的地主、富农中，已有8.5%的改划为中农，剩下11.5%的地主、富农分化出一半地主一半富农。对被下划的中农和富裕中农以及工商业户进行了补偿，使一些被错划的中农和富裕中农解除了思想上的顾虑，放下包袱，踊跃地参加生产，认购公粮，支持前线。

第十节　参军参战　支援前线

（一）踊跃参军

土地改革的完成改变了生产关系，农民真正成为主宰自己命运的主人，极大地激发了他们的爱党爱国热情。他们认识到只有中国共产党才能救中国，才能使受尽苦难的农民翻身得解放，广大农民对共产党的热爱在支援解放战争中焕发出极大的热情。

为了解放全中国，革命老区通河人民积极响应党的号召，踊跃参军参战，涌现出许多父送子、妻送郎、兄弟相争参军的动人事迹。富乡区岔林村有父子二人争着参军的动人场面；清祥区祥顺村贫农施祥去年（1946年）刚把大儿子送到部队，今年又给二儿子报了名；城区青年李均，刚结婚不久就参加了军队，妻子在送行时说，放心去吧，打仗要勇敢，死活我都会守着你！

1946年2月，三五九旅解放通河后，300多名苦大仇深的贫苦农民、城镇贫民，自愿报名参加了人民的队伍。1946年5月，全县圆满完成了335名征兵任务。8月，上级下达扩充300名征兵任务。全县有405名青年参军，超额完成任务。12月，主力部队征兵和地方要组建独立营，上级下达1 300名征兵任务。各区民运工作队和村干部采取自愿报名、群众评议、村政府把关、县政府检查批准的办法，超额完成了征兵任务。

1947年7月23日，松江省政府通报表扬了通河县的征兵工作，通报中指出，通河县参军的总人数已达2 593人（不含县大队及区中队战士），占当时全县总人口的4.93%，通河县被评为全省参军参战先进县。

1948年2月，县委开展爱国保田自卫战争教育，全县又有700多名青年奋勇地走向前线。

在解放战争中，通河人民不仅把亲人送到前线杀敌立功，还多次组建担架队、大车队奔赴硝烟滚滚的战场，抢救伤员、运送弹药、修筑道路、打扫战场，与主力部队并肩战斗，为全国解放战争做出了重要贡献。

（二）战勤支前

第一次战勤支前。1947年3月，通河县组建第一次战勤支前大队，配合东北民主联军三下江南作战。翻身后的通河老区人民感谢共产党，一心保卫来之不易的斗争成果，争先恐后地报名参加担架队上前线，把好车好马用于战勤。全县仅用10天时间，组织了1 320名战勤支前队员、150副担架、109辆大车、600匹马的战勤大队。①

他们徒步到达兴隆镇搭乘铁路闷罐车南下到延吉，下车后西行进入新解放的辽源和四平外围，跟随东北民主联军第一纵队和第六纵队穿行在盘石和梅河口一带，顶着严寒，冒着敌人的炮火抢运伤员，输送军需物资和战士们并肩作战。5月至7月，我军发起夏季攻势，歼敌8万多，解放县城20多座，缴获大批武器弹药等军用物资。通河战勤大队每次都圆满完成了抢救伤员、运送弹药、配合我军开展新区群众工作等方面的任务，荣获“模范战勤支前大队”的锦旗。

第二次战勤支前。1947年7月，通河县组建了第二次战勤支前大队，共有800名队员，100副担架，14辆大车，配合东北民主联军开展秋季攻势，在盘石战场上向45公里外的黑石镇战地医院抬送了390名重伤员，完成了两条总长47.5公里的战地通信道路的抢修任务。通河战勤大队不仅圆满地完成了运送伤员和弹药等战勤任务，还以民主联军为榜样，每到一地都帮助当地群众挑水、劈柴、扫院子、干零活，帮助当地群众生产劳动。向新解放区人民宣传解放区穷人在共产党领导下，斗地主、分田地，实行土地改革，翻身得解放的真实情况。启发新区人民热爱共产党，支持我军早日消灭国民党军队。在战勤服务期间有23名年轻队员和2名干部参加了人民军队，18人被评为“支前功臣”。②

第三次战勤支前。1948年8月初，为配合东北人民解放军

①王玮著《通河史话》手稿第218页。

②张涛著《战斗在南满前线的通河人》载《铧子山情缘》第86页。

解放全东北，通河县组建了第三次战勤支前大队。大队共有407人，下设3个中队，一个大车队。8月27日，战勤大队经南天门（方正县天门乡）徒步到尚志乘坐火车南下。10月3日，接到“为黑山前线部队运送冬季服装”的命令后，当即乘坐火车经安达、白城子历时4天到达内蒙古甘旗卡。为了让前线指战员及时穿上棉衣，大家把大车装不下的棉服包，放在担架上抬着，在沙漠里顶着风沙赶路。经过5天的艰苦跋涉，他们提前把棉服送到指战员手中。接着，他们连夜赶到黑山县于家窝棚，将前线转送下来的伤员及时、安全地转移到战地医院。12月18日，唐山宣告解放，战勤支前任务随即宣布胜利结束。12月27日，战勤大队的全体同志胜利而归，受到了县直机关、群众团体及各界群众的热烈欢迎。

第十一节　拥军优属　干部入关南下

解放战争时期，为了全面支援前线，保卫新生政权，通河县委、县政府开展了扎扎实实的拥军优属活动，极大地鼓舞了前方将士英勇杀敌、战勤人员安心支前斗志。

（一）拥军优属

在农村，各区政府和村屯领导签订了从春种到秋收帮助军烈属、战勤人员家属代种、代铲、代割、代收合同，对军烈属、战勤人员家属的生产实行了一包到底，收到了十分满意的效果。在土改运动中，对军烈属实行多分地、分好地，分好房和分最多最好的浮财。对生活中的困难，随时随地组织群众通过互助互济的方式加以解决。逢年过节，县委、县政府便组织各级领导干部对驻地部队、军烈属、战勤人员家属进行慰问。特别是春节期间，县、区、村（街）、屯干部组成慰问团，给军烈属、战勤人员家属送大米、白面、猪肉、光荣匾、光荣灯、春联。县、区、村（街）、屯的党员干部分别到军烈属家过年和他们一起给前方将士写慰问信，寄慰问品，鼓励他们多打胜仗，报答党和政府的关怀。在欢送新兵入伍时，村（街）屯、区、县都组织秧歌队，鞭炮齐鸣，锣鼓喧天。给新兵披红戴花，赠送肥皂、牙膏、毛巾、慰问袋；各单位、商号都悬挂国旗，新战士在思想上受到了很大鼓舞。1949年8月11日，中国人民解放军占领南京，通河人民热烈欢呼庆祝这一伟大胜利。广大干部、学生和工农群众给前方将士写了100多封信，还寄去42.5万元（东北币）的慰问品。①

（二）安抚慰问伤病员

1946年，东北民主联军第二野战医院入住通河县城后，县委、县政府组织居民和商户捐赠了20万元慰问金（东北币），由各界代表人士到医院慰问伤病员。1947年5月，一大批伤病员进驻战地医院，县里在财政十分困难的情况下拨款为伤病员购置了餐具和礼品，还在群众家里借来毯子和棉被，机关干部主动到医院清扫卫生，伤病员受到了极大的安慰和鼓舞。端午节，县里组织了慰问团，带着干部、群众和学生写的上百封慰问信、抬着一口大肥猪和群众捐献的鸡蛋等慰问品，到医院慰问伤病员，表达了通河人民对伤病员的关怀和敬仰之情。②

（三）妥善安置荣复转业军人

1948年，县政府接收和妥善安置了80位荣转军人（伤病员）；1949年春，县里先后接收和妥善安置了833位转业军人。这些人除个别安排在机关企事业工作外，绝大多数自愿返乡安家立业。政府拨给他们安家费、医疗费，村里负责解决土地和生产工具。生活不能

---

①王玮著《通河史话》手稿第218页。

②祝信著《开展大生产运动，支援全国解放斗争》（手稿）第46页。

自理的，安排专人进行护理。在县里统一组织下，各村群众积极为伤病员腾房子、拉烧柴、借家具、做被褥、送粮食和蔬菜，解决了伤病员全部的生活必需品。当这些伤病员被群众热情地接到村里、送进家里时，看到属于自己的土地、房产执照、一应俱全的生产和生活物资，感动得热泪盈眶。前方将士听到这个消息后，也受到极大鼓舞，坚定了打倒蒋介石，解放全中国的决心。

（四）干部入关南下

1948年11月2日，辽沈战役胜利结束，东北宣告解放。根据中共中央抽调干部随军南下的决议，1949年初，中共松江省委组成入关南下干部队伍。2月，通河县抽调30余名党政机关干部由县长石峰带队，赶赴阿城省委党校报到，经过两个月的培训，于4月初离开阿城，经沈阳、天津由津浦线南下到达南京。6月初，到达目的地江西省，被分到吉安和吉水两县随军工作，军队每解放一个地方，就留下一些干部与当地干部配合起来开展剿匪、“土改”、建党建政工作。他们没有辜负党和人民的信任，经受了枪林弹雨的考验，在党的培养教育下，成长为中高级干部，为通河人民争得了荣誉，增添了光彩。[①]南下干部张涛，原为通河县委宣传部干事，《通河小报》编辑，到江西省先后历任吉安地委机关报《吉安日报》编辑、《井冈山报》总编、永新县委书记、江西省文化局负责人、省文联常务副主席等职，成为著名文学家。刘明伦，从延安到通河中学任教，南下后任江西省宜春地委青委书记，后任武汉地质学院副书记、副院长。李耕，原为通河县教育科副科长，南下后任吉水县县长、遂川县委书记、后任核工业部北京核仪器厂党委书记。甄连榕，原为牡丹江第二医院院长，南下后任吉安专署卫生科长、江西省医药学校校长。贾福荣，任吉水县委副书记、干县县委书记，九江市副市长。

---

①《通河籍离休干部名录》。

第十二节　开展大生产运动

1946年农民获得第一个丰收年，在通河县委、县政府领导下，广大农民分得了土地，实现了“耕者有其田”，生产热情高涨，农业生产获得了好收成。

1947年，县境内的土匪已经基本肃清，社会趋于稳定。通过反奸清算斗争，平分土地，贫苦农民翻身当了主人，发展生产的积极性越来越高。县委结合全县的实际情况，发出了关于开展农业生产运动的指示。全县农民勤劳致富、兴家立业、开展互助合作、扩大生产。县政府于2月25日，鼓励农民兴修水利扩大水田种植，发放省拨贷款300万元，全县水田面积达到4 000垧。比上一年增加了3倍。鼓励开荒，新增加土地1 182垧。全县粮食生产取得了历史上最好的收成，农民留够了口粮、种子、饲料后，全县向国家交送公粮4 000吨，有力地支援了全国人民解放战争。

1948年，全县农民过了个翻身年。1948年3月前，全县完成了平分土地工作，翻身后的农民，为了保家卫国，在党的关于开展农业生产运动的方针政策指引下，经过广大农民的艰苦奋战，在遭受严重的自然灾害情况下，仍然取得了好收成。

县委和县政府为了更好地团结中农，把农村贫雇农委员会改为农民委员会，吸收中农参加。县、区先后召开生产动员会。很多村屯的农民给牛、马披戴红花，车老板手使红缨大鞭子，进入会场。参会的农民像过节日一样，穿上新衣服，喜形于色。1948年，全县播种面积比上年增加6 280垧，超过计划任务的39.6%。这一年尽管夏季发生了虫灾，2 000多垧地减产，但是粮、豆、薯总产量比上年增加2 500万斤，增长25%，向国家交公送粮8 000

吨，比上年翻了一番。按耕种面积，每垧平均单产、人口缴公粮数、开荒面积、人均副业产值为全省最高。

1948年冬和1949年春，县委、县政府组织群众大搞副业生产，动员农民改变“猫冬”习惯，男人上山倒套子、打鱼，妇女、老弱劳力在家搞编织、打烧柴、搞养殖等，变冬闲为冬忙。全县农村人口人均增加收入20万元（东北币），农民过上了丰收年。

1949年春，县委、县政府为认真贯彻落实松江省政府发布的《1949年农业计划令》，进一步开展大生产运动，召开全县各村（屯）长和劳动模范参加的春耕生产动员大会，表彰1948年送粮模范村、模范干部和劳动模范。向7个村颁发了“送粮模范”匾，奖给全县模范互助组组长岔林村张富、向阳村刘永生每人（组）1匹耕马、1辆花轱辘车。奖励给劳动模范每人1匹耕马。县委书记张健飞给劳动模范披红戴花，并做春耕生产动员报告，极大激发广大农民的生产热情。为扶持农民发展农业生产，省政府分配给通河县农业贷款（粮）400吨，为全县无畜户购买了耕畜。2月，省政府又拨贷款解决了春耕生产资金不足的困难。广大农民，在全国解放战争取得决定性胜利、中华人民共和国即将成立的特大喜讯鼓舞下，积极响应党和政府的号召，坚持抗灾夺丰收，减少了自然灾害带来的损失，粮豆薯总产量仍达到了8 384万斤的较好收成。向国家交送公粮2 300吨。解放战争时期，党领导下的通河老区人民，尽最大的力量支援前线，为解放战争的胜利做出了重大贡献，和全国人民一道迎来了新中国的诞生。

第十三节　烈士英名录和人民功臣

通河革命老区，自从1929年中国共产党建立第一个党支部，革命火种点燃反帝、反封建的斗争，特别是1932年5月，日本军国主义占领通河后，具有民族正义和革命传统的通河人民，在中国共产党领导下，在近十四年的反满抗日战斗中，高举反抗外族侵略的旗帜，前赴后继，浴血奋斗，有多少仁人志士、热血男儿，献出了宝贵的生命。在这里仅把史料记载有据可查的英烈人物记录如下：

（一）抗日战争时期烈士和民族英雄

文昌斌（？—1930.9），朝鲜族，1930年期间，中共通河区委员会委员，在同阜通稻田公司二地主金东山进行斗争中被捕，于同年9月27日遭杀害。

全东元（1907—1933.6），朝鲜族，中国共产党通河地区第一个党支部书记、区委书记，1930年7月领导群众对大古洞阜通公司进行减租减息斗争，两次被捕，1933年6月牺牲。

崔日（？—1933），朝鲜族，中共党员，曾被选为党支部书记。1933年由于叛徒李遇元告密，被日军杀害。

金进守（？—1933），朝鲜族，中共党员，1933年5月，党组织派他去依兰买粮食，因叛徒告密被捕，5月20日被敌人杀害。

吴凌汉，东北军马占山将军步兵第三旅五团团长，1932年5月1日至7日，在七昼夜通河保卫战第二次攻城时牺牲。

张兴华，东北军马占山将军步兵第三旅五团副团长，在战前进入通河县城侦察时牺牲。

李秋岳（1901—1936.9），原名金锦珠，女，朝鲜族，抗日战争时期通河中共特支领导人之一，1936年8月，被日伪逮捕。她在敌人的酷刑前，坚贞不屈，视死如归，于同年9月3日，被杀害于通河县城西门外。

李福林（1907—1937.4），朝鲜族，哈东地区游击队领导人，称哈东司令。1937年4月，他带领少年连和警卫连去省委驻地（鹰窝密营）开会，被敌人包围，战斗中牺牲于清河二站北山。

魏长魁（1906—1938.8），曾历任哈东特委书记、北满临时省委执委委员、组织部长。1938年8月，在带领队伍西征进入通河县清河镇东北的苇子沟时，遭到大批敌人的袭击，不幸牺牲。

关化新（1906—1938），历任中共珠河中心县委书记、哈东支队副官处处长，抗联第三军第二师政治部主任、师长。1938年夏天，带领队伍去清河北山里鹰窝密营，向北满省委请示工作，途中被敌人包围，战斗中不幸牺牲。

雷振山（1894—1936），原清河村伪自卫团团长，他积极参加反满抗日斗争，后参加抗日联军，任通河地方警备旅长。1936年春，在大古洞沟里同日军作战时牺牲。

殷成祥（？—1937.12），原为南六方伪自卫团团长。1934年8月率本团和全家人树旗抗日。1935年11月，接受抗联三军收编，任命为抗联第三军警卫旅三团团长。1937年12月由于叛徒朴德胜告密，在与前来抓捕的日伪军激战中牺牲。

张义淑（？—1937），女，朝鲜族，东北抗联三军被服厂党支部书记。1937年秋，在日军“讨伐”搜山中，为掩护抗联战士脱险而被捕，在由清河乘船押往通河途中，投江而英勇就义。

李绷哥替（1895—1937.4），鄂伦春族，全家人积极参加抗日活动，李家曾是抗联吃住、休整、养伤的地方。

王金才（1906—1946.8），曾任伪政权的警察，通河“四六”事件的领导者。1945年4月6日零时，为解救被日伪政权“思想矫正”关押的近300名无辜群众砸狱起义，成立抗日游击大队。起义失败后被捕，壮烈牺牲。

孙禄，共产党员，曾参加过抗联，后在日本矫正监狱任看守，通河“四六”事件参与者，任起义组成的抗日游击队副大队长，在出城战斗中牺牲。

孙朝翰（1883—1946），字佐廷，通河商会会长。日本占领通河后，在抗联将领冯仲云、赵尚志思想教育下，不断给抗联筹集军需物资，被日本人知道后，被杀害于佳木斯监狱。

杨春（1896—1944），化名杨雨田。1932年参加抗日活动并加入中国共产党。1933年，赵尚志任命他为延寿县地下交通站长。1936年，交通站转入通河凤山地区清茶馆。1944年牺牲。

高清富（？—1939），清河村抗日救国会骨干。1936年2月，赵尚志在清河北山里建立了地下交通站，任命高清富为站长。1939年冬天，他领着日军在大雪封山的林海中找抗联，走三天又三天，拖得敌人精疲力竭，给养殆尽，凶狠的日军发觉上当，将高清富用战刀砍成三段，壮烈牺牲。

（二）解放战争时期烈士

吴云浦（？—1946.11），合江人民自治军第二营营长，是一位智勇双全的指挥员，在1946年11月28日，为解放通河，攻打叛变的通河保安大队长高铭三时壮烈牺牲。

魏一与（1927—1946.6），中共党员。1946年初，经北满分局分配到通河工作，担任县大队和城防司令部政治委员。1946年6月，率领县大队在清河地区大小古洞剿匪战斗中牺牲。

王玉玺（1928—1946.5），中共党员，原籍山东。1946年初，经北满分局分配到通河工作，任清祥区区长。该区中队叛变，被叛徒朴德胜枪击，中弹牺牲。

程式（？—1946），苏北人，参加过二万五千里长征，后随新四军来东北工作，1946年7月，接任通河县城防司令部政治委员，同年在剿匪战斗中摔伤后牺牲。

姜熙春（1916—1946.4），朝鲜族，“九一八”事变后参加抗日游击队，后参加东北抗日联军，“八一五”光复后任八路军三五九旅谋连连长，参加过解放通河战斗，在剿匪斗争中牺牲，

1953年国家颁发烈士证书。

郑金发（1900—1946.5），原籍山东，清河区农会会长。在他带领下清河地区打土豪、分田地运动搞得轰轰烈烈。因区中队叛变，被叛徒杀害。

（三）通河成长起来的著名人物

一批家乡子弟兵在党的培养教育下，经过自身的努力奋斗，从一个普通农民、工人，分别成长为共产党员、革命干部。其中一些人成为党和国家的中、高级干部、人民解放军的将军，有的成为专家、学者。

张海云，海军北海舰队政治委员（大军区副职）、中共十三大代表、第八届全国政协委员，1988年被中央军委授予海军中将军衔；高治民，第二炮兵五十一基地副政治委员，少将军衔；李东光（享受副部级待遇），抗联老战士“朱可夫元帅奖章”获得者，哈尔滨工业大学党委书记，1985年4月起担任黑龙江省人大常委、省人大教科办副主任、省中苏友好协会副会长；姜德明，第三军医大学电教中心副主任（享受正师级待遇）。

任副师职：曹乃夫，黑龙江基建工程兵五十一支队副支队长兼总工程师；田静（女），战斗英雄，江苏南通军分区医院副主任；王明义，大庆市人民武装部部长；陈文生，松花江军分区参谋长；彭锦儒，湖南省军区平江县人武部政委、部长；尚德才，总后勤部所属部队任职。

成为高级知识分子、著名学者：史一之，化工部高级工程师；田岳华，湖北省作协副秘书长；周天健，首都医大骨科教授、中国医科大学脊髓损伤研究所所长；张福栋，沈阳骨科医院骨外科主任兼研究室主任；尤发，湖南商业财经专科学校副校长、副教授；张恩儒，专业作家。

转业到地方的部、厅、局级以上干部：田岳衡，黑龙江省农业管理干部学院党委书记、校长；钟琦，公安厅政治部副主任；程耀先，黑龙江省水利专科学校党委书记、巡视员；郭鹏云，辽宁省沈阳轻工五金制品工业总公司经理；曲照凤，广东省湛江市劳动局副局长；刘永纯，湛江市民政局副局长；李云龙，转业回乡务农的抗联老战士、“朱可夫元帅奖章”获得者、部队团职干部等。

转业后担任处级领导：柴全仁，广西桂林市秀峰区党委书记兼区长；韩忠礼，柳州区卫校工会主席；任鸿良，北京华贸集团副总经理；孙士铎，哈尔滨市五常县人大常委会副主任；赵娜（女），湛江市霞山区委常委、宣传部长等。

外地参军转业后到通河享受副处级待遇的干部：马国军，县卫生局副局长、县医院院长；吕宝年，县医院副院长；田家华，县林业局病防办党支部书记兼站长等。

通河南下干部中厅、局级以上的领导：石峰，江西省计划委员会副主任，通河县原县长；张涛，江西省文联常务副主席、中国民间艺术家协会常务理事、中共通河县委原宣传部干事；刘明伦（女），武汉地质学院副书记、副院长，通河中学原教师；李耕，核工业部北京核仪器厂党委书记，通河县教育科原副科长；甄连榕，江西省医药科学学校校长；姜蓬洲，汉口某厂党委书记；李乃景，义乌矿党委书记；李克勤，南昌市经贸委副主任；贾福荣，九江市副市长；彭树襄，武汉市武昌区政协主席；刘波，辽宁大学教授、辽宁大学学术委员会副主任等。

（四）杀敌立功

战场牺牲烈士名录。在解放战争的战场上，英雄的通河子弟兵英勇善战，不怕流血牺牲，建立了不朽的功勋，为家乡和亲人赢得了荣誉。据《通河县志》“烈士英名录”中记载，全县在解放战争中壮烈牺牲的有280余名烈士。

据不完全统计，高润田在解放战争中荣立四次大功，赴朝作战中荣立一等功，授二级英雄称号，受到毛主席和金日成接见。有荣获五次大功的孟宪祥。立一等战功的有韩忠礼、崔玉坤、田德臣、李治安、吴惠宜、李均；荣获二等功的有邱长发、胡群；荣获三等功的为卢云虎、遂宝一、梁玉发；荣立小功的为李鑫、王玉文、阴元辰等。

在通河、依兰、方正、木兰等地剿匪战斗中牺牲的是魏一与、王玉玺、程式、藤承源、丁乃坤、兰忠祥、魏文奎、王焕文、赵永俭、李青云、李之荣、郑金发、金万发、孙荣、杨殿武、巴耀贤、王彬、顾振环、郑延令、徐宏志、何玉昌、邵振生、罗铁群、张文学、王明武、毕恩涛、王维山、徐文荣、杨雨亭、单志等。

在解放长春战斗中牺牲的是李才、隋永才、陈有才、王服、尹亚军、郭德祥、张贵、高春发、蓝学富、陈才、高永祥、韩树林、曹太新、刘万金、范友德、杨宝恩、李长贵、丽春才、邹永祥、孙万忠、肖景华、单永仪等22人。

在解放四平战斗中牺牲的是任文忠、吴振东、高明成、杜景林、刘景春、王治生、陆德之、曹兴武、李凤仪、徐景峰、宋武、黄海栋、张守富、赵凤忠、薛彦聪、李顺善、陈忠信、马青江、佟常勇、孙永发、康成富、张喜昌、李太长、温红彬、陈殿春、李太向、金礼甲等27人。

在黑山和塔山阻击战中牺牲的是贾振绪、王宝喜、马成玉、曲文仪、王玉喜、张永臣等人。

在辽沈战役中牺牲的是张吉兴、姜永庆、刘万祥、于景甲、王洪山、邵艳秋、王志鹏、刘夫隆、李树堂、李广库、于育和、张宝生、李广之、于兴河、王德贵、王青生、陆德斌、孙振兴、孟凡友、杨春、郑金成、黎洪喜、丛守祥等人。

在解放天津、北京和淄州战斗中牺牲的是杨海林、王金才、郑金德、管文彬、徐绍勤、王振林、王宝才、孙庆海、刘君、孔庆春等人。

在解放山东战斗中牺牲的是吕玉年、姜广科、李庆先、胡广丰、沈俊、王洪柱、刘丁华、戴文臣、戴玉书、侯阅生、张宝和、李继法、高长青等人。

在解放广西、湖南、湖北、云南、福建等南下途中战斗中牺牲的是王玉阁、李明岭、马 富、李金才、常玉林、赵广柱、淘金山、李景和、杨村夫、泰福、董桂林、举战才、徐亚昭（女）等人。

在抗美援朝战争中牺牲的是张树生、王永信、杨永庆、王书友、邢广金、范金全、杨岁、谷义、王景武 、王玉山、周忠山、曹世民、张风海、杨家岐、高清和、池全荣、李树春、王者人、于会林、张发、李树春、李士文、姚景忠、张海、杨文、陈树德、张树林、陈贵、田荣、张玉振、李原先、金源太、马国俊、王福、郑润秀、张中祥、赵广义、于有林、金华淳、李中斗、李浩哲、李学齐、崔永斗、印成协、玄东完、金汉弼、董钧平、文中虎、金兹景、李成奎、康礼元等50余人。在战斗中负伤导致残疾和患病的军人1 013名。其中有二等甲级残废军人、离休干部李栋，二等乙级残废军人印承祚、樊彩然、周会城等，三等乙级残废军人王玉文、滕云贵等。①

①史料依据：《通河县志（1905—1985）》名人录和烈士名录，《通河县志（1986—2005）》人物简介，《通河籍离休干部名录》。

第五章　建设探索　艰辛创业

（1949—1978）

1949年10月1日，中华人民共和国成立，通河人民在党和各级人民政府领导下，开始了由新民主主义向社会主义转变的新时期。通河县和全国一样，1950 年至1952年是三年经济恢复时期，从1953年开始进行社会主义建设，1955年开始了第一个五年计划建设。1956年9月，全县基本完成了对农业、私人工商业、手工业的社会主义改造。从1958年8月开展“总路线”“大跃进”“人民公社化”运动，出现了“左”倾错误，给经济发展造成很大损失。1960年至1962年，全国连续三年遭受自然灾害，通河地区的经济出现严重困难。1962年7月，按照国家提出的“调整、巩固、充实、提高”八字方针，对全县的国民经济进行了调整，全县人民团结一致，奋发努力，取得了当年农业比较好的收成，渡过了严重的困难时期。1963年5月，农村开展了社会主义教育运动，直到1966年5月结束。

第一节　加强政权建设

1949年10月1日，中华人民共和国成立，通河人民在中国共产党领导下进入社会主义建设新时期。县委、县政府带领全县人民，开展民主政治制度建设、巩固政权建设和恢复经济建设，开展镇压肃清反革命、“三反五反”运动等工作。使通河县的经济得到快速发展，人民政权得到有效巩固。

1949年11月16日，县委、县政府根据东北人民政府下发《关于建立县区人民代表会议或人民代表大会及村人民代表大会的指示》和松江省委、省政府的指示，从11月底开始，各村普遍选举村人民代表大会代表，相继召开村人民代表大会，选举村政委员会和出席区县人民代表大会的代表。1950年1月23日至25日，通河县第一次各界人民代表会议在县城召开。1953年6月，县政府根据中央的部署，结束各界人民代表会议制度，开始普选通河县第一届人民代表大会代表。全县共选出通河县第一届人民代表大会代表141人。从此，人民代表会议制度经过不断调整完善，被长期延续固定下来。当家做主的人民，通过人民代表大会行使自己的权利。

1963年，县委组织人大代表改选。尊重选民的选举权利，把在社会主义建设中涌现出的劳动模范、先进个人和有代表性的人物，通过选举充实到各级政权组织。

1967年3月20日，成立通河县临时接管委员会。1967年3月，经省革命委员会、省军区、松花江军分区批准，4月10日正式成立通河县革命委员会，直至1980年9月，十四年间，通河县革命委员会行使县人民政府职责。

第二节　恢复与发展地方经济

新中国成立后，人民政府带领人民开始恢复经济，发展生产，建设美好生活。农业快速发展，工业生产全面起步，商业复苏。

（一）发展农业

通河县的农业生产十分落后，县委、县政府根据通河实际情况，集中力量抓好农业。

农村的生产组织形式经历了由互助组、合作社、初级社 、高级社到人民公社的过程。 农业生产互助组，是土地改革后，农民自发组织起来走农业合作化道路之始。1948年，实行换工插犋自营生产。1950年全县互助组已发展到1 943个，入组农户50 903户，入组耕地面积39 274亩。互助组是以农民个体私有制经济为基础（土地、牲畜、农具为个体所有不变），以互助的形式实行换工插犋，组织生产。在发展互助组期间，向阳村刘永生、岔林村张富起了带头作用，当上县劳动模范，光荣地出席了省劳模大会。

1952年，在互助组基础上，在桦树区和三站区试办初级农业生产合作社。初级社与互助组在某些方面有所不同，虽然入社的土地仍为私有，但土地除自家留有少量菜地，其余都租赁给初级社。按入社土地分得一定收获，实行记工取酬，按劳分红。很快从1952年的2个初级社，到1955年发展为462个。

1955年4月开始试办10个高级农业生产合作社（下简称高级社）。1955年末，发展到97个高级社。入社的农户13 444户，占农业总户数的88.3%，耕地面积541 500亩，占农村耕地总面积的86%。引导农民逐步走向集体化道路。提高依靠集体力量抗御自然灾害的能力。但高级社意味着农民的私有土地和牲畜逐渐划归公有，农民的私有权受到威胁，小农经济思想受到伤害。于是有些富裕中农开始拉马退社。

人民公社化运动，1958年8月17日至30日，中央政治局扩大会议在北戴河举行，会议做出“关于在农村建立人民公社的决议”，全县立即掀起创建人民公社运动高潮。9月末，全县建成10个人民公社、88个生产大队、368个生产队。1962年，人民公社发展到12个，全县实现人民公社化。人民公社化以后，农具等重要的生产资料都归集体所有，公社实行的是“三级所有，队为基础”的核算方式，生产资料所有制和生产关系发生根本变化。

人民公社成立后，1958年曾一度刮起“共产风”“浮夸风”和“一平二调风”。劳动组织军事化，劳动形式大帮哄。各社队成立大食堂，吃饭集体化。在一定程度上影响了农民的积极性，使通河这个农业县逐渐出现了生产靠贷款，吃粮靠返销的局面。

1960年至1962年三年困难时期。鉴于严重的困难，县委、县政府以安排好人民生活为中心，千方百计挖掘食物，大搞代食品，坚持生活低标准，尽量安排好人民生活。5月，按着党中央“保粮保钢”的指示，坚定信心，动员各级干部深入农村，与农民同吃同住同劳动，组织人民群众战胜自然灾害，确保粮食生产。同时，大搞“瓜菜代”（瓜类、蔬菜、野菜和代食品——树皮、树叶、秸秆等）县里成立代食品办公室，全县生产出代食淀粉1 383斤，以保证不饿死人。

1963年，开展社会主义教育运动，加强对农村人民公社的领导，全党大办农业，各行各业大力支援农业。

1966年6月，持续10年的“文化大革命”开始。1966年至1967年，县工作基本处于停顿状态。各级干部本着干革命也得吃饭的思想，艰难地抓生产、保生活，通河县的农业生产缓慢发展。到1967年，播种面积549 822亩，比1954年增加63 462亩；粮食总产12 713.3万斤，比1954年增加3 013.3万斤。1964年到1975年的十多年间，通河县的粮食生产，每亩只增产2.4斤，每年向国家交送商品粮1 800万斤左右，从国家调入粮食1 500万斤至2 000万斤。由于粮食生产上不去，也严重影响了林、牧、副、渔等各业的发展。产量停留在解放初期水平，绝大多数生产队处于吃粮靠返销、花钱靠贷款、生活靠救济、生产靠支援的状态。

1967年10月，县革委决定开展东部涝区开发治理大会战。从1967年10月至1970年春，经过三年多的艰苦奋战，修排水渠3条，建抽水站36处，修江堤20余华里，基本上解决了内涝问题，在东部涝区开垦出良田27 000亩，为通河县农业的后续发展，打下了基础。

1975年10月15日，中共中央召开全国农业学大寨工作会议后，县革委对通河县农业学大寨的有利条件进行了分析，依据通河的农业生产资源条件提出了发展农业和农村经济的构想：根据通河的资源优势，大力建设水利和农田基础设施，为农业发展创造基础条件。1975年11月开始，大搞水利建设和农田改造工程，到1978年，修建水库36座，修建拦河坝、塘坝23座，开排水渠3条、总长35公里，打深水井180眼，建提水站3处，修江堤21公里。发展水田面积33万亩，实现人均2亩水田。实行山、水、林、田、路综合治理和农、林、牧、副、渔全面发展。粮食总产量达到16 784.2万斤，比1967年增加4 071万斤。省和松花江地区先后在通河县召开了水利建设和农田基本设施建设现场会。1978年，在国家展览馆农业馆，通河县有12幅农田水利建设图片被展出。

（二）发展工业

新中国成立后，工业经济逐步得到恢复，政府重点发展国营工业，增加投资，打好国营工业的发展基础，对部分企业进行国营工业改造。到1952年，铁工厂改为国营农具铁工厂，陈家砖窑改为国营制砖厂，将宏大涌烧锅、三合米厂、益丰米厂、薄家油坊等都变为国有企业。全县工业发展到373户。全县完成工业总产值333.7万元，比1949年增长86.2%。1956年后，经过资本主义工商业的社会主义改造，国营企业还有印刷厂、制酒厂、制砖厂，国营工业由1949年的8户发展到14户。对个体手工业和私营工业采取保护与扶持的政策，个体私营工业329户。

1963年，中苏关系紧张。经通河老干部曹乃夫引荐，黑龙江省委经过调查选址，决定在通河北部山区，建设小三线军工厂。其中一个是生产步枪的双阳厂，一个是生产子弹的前进厂，还在通河县城东郊建了生产手榴弹的龙江厂。除此之外，县城内先后建了木器厂、电池厂、水泵厂等，吸纳了大量社会青年就业，对县域经济起到了推进作用。

“文化大革命”期间，1966年，通河县地方工业有发电厂、木器厂、水泵厂、制材厂、制砖厂、农机厂、制酒厂、酱菜厂和电池厂等，县政府到企业劝说工人要发扬主人翁精神，坚持生产。

1967年，新上造纸厂、氧气厂、电机厂等，地方工业在艰难中起步。县农机厂制造出铲蹚机、铡草机等。

1978年，通河县工业学大庆取得丰硕成果。全县亏损企业由1972年21户减少到3户，产值3 114万元，比1975年增长53.2%。并有水泵厂、发电厂、造纸厂等三户企业被评为全省学大庆先进企业。

（三）发展商业

新中国成立后，商业经济开始走向复兴。县政府严格执行国家制定的管理工商企业政策，实行国营商业、合作商业和个体私营商业并存发展。

1952年，国营商业网点12个，职工369人；私营商业387家，从业人员705人。1953年开始对私营商业逐步进行社会主义改造，国营商业、合作商业逐步占领市场。

1956年，社会主义改造结束后，公私合营商业、集体商业出现，国营商业、合作商业发展迅速，形成以国营商业为主体的经营体系。全县私营商业实现公私合营，共有10个行业171户进行公私合营，占私营商业的98.15%。1967年，根据省商业部门通知将公私合营变成国营。

1978年，党的十一届三中全会以后实行改革开放，商业经营实行多种经济体制、多种经营方式、多种流通渠道同时并存的政策，积极发展个体商业。国营商业、供销合作商业、集体商业、个体商业并存，城乡商业逐渐出现繁荣景象。

第三节 支援抗美援朝

（一）开展爱国主义教育

1950年6月，朝鲜战争爆发后，全县迅速开展爱国宣传教育活动。县、区成立了时事委员会，村相应成立小组，组建了486名宣传鼓动员，通过板报、漫画、演出等宣传形式，组织文艺宣传队，编排抗美援朝和爱国捐款等内容的文艺节目在城乡演出。全县多次召开较大规模的报告会，掀起“抗美援朝，保家卫国”的高潮。各地纷纷订立爱国公约。全县发起保卫世界和平签名运动，1万多人在和平书上签名。

1951年，组织全县开展反对美帝国主义侵略的“五一”大示威游行，县城各机关单位、工厂学校、街道居民全部参加示威游行，规模空前。通过这些形式，广泛地开展爱国主义教育，推动了“抗美援朝，保家卫国”运动和各项工作的顺利开展。

（二）青年赴朝参战和战勤大队

1950年11月，全县开展志愿军新兵征兵工作。全县有575名青年报名参加中国人民志愿军，赴朝鲜参战。1951年和1954年，分别又有157名、160名青年参加中国人民志愿军赴朝参战。

1950年11月，县委、县政府根据松江省人民政府命令，组成313名民兵参加的通河县战勤大队。配属中国人民志愿军66军执行战勤任务。通河战勤大队，一路辛苦、日夜兼程在大雪封地的山路，克服冻伤、脚打泡感染化脓和长距离、长时间急行军的过度疲劳的种种困难，到达离汉城（今首尔）120里的前沿。由于配属的66军已奉命插入敌后，无法找到66军兵站。通河战勤大队就近配属为中国人民志愿军40军执行战勤服务。将40军的一批重伤员从前沿阵地紧急转送后方。战勤大队冒着生命危险，抢救伤员、运送弹药、凿山洞、掩藏装卸军需物资，防空袭、整修道路和断桥，站岗放哨、用步枪打飞机，在冰天雪地里踏遍了朝鲜的山山水水。1951年9月，战勤大队回国。临行前，40军后勤部为通河战勤大队赠送“为祖国增光”的锦旗。战勤大队凯旋归国后，11月25日，县委、县政府召开有各界代表参加的表彰庆功大会，奖励45名支前功臣。为孙振威、曹乃夫、李柏分别记功，松江省民政厅代表省政府给每名立功者颁发奖状和一枚功臣奖章。

（三）群众踊跃捐献

抗美援朝运动极大激发了全县人民的爱国热情。县委、县政府广泛发动群众，开展为支援抗美援朝捐献运动。1950年，全县人民为抗美援朝捐献6 507.16万元（东北币，下同）。各界群众踊跃捐钱捐物，纷纷为前线志愿军写慰问信，全县人民除了捐献现金外，捐赠了大量的慰问品，有猪肉、干菜等。1951年10月，全县在支援抗美援朝捐献飞机大炮运动中，捐战斗机折合46 000

万元。12月，为支援抗美援朝，全县农民积极踊跃交售征购粮和战勤粮。

第四节　社会事业发展

（一）小学教育

新中国成立后，党和政府动员7至13周岁的儿童全部入学接受教育。1949年，全县建有初、高两级小学校66所，108个班级。1958年，全县建有初、高两级小学校110所。各偏僻村屯设下伸点。对家庭生活贫困的子女实行减、免学费。1962年，县内已有小学校146所，580个班级。之后，学生入学率逐年增多，小学教育基本得到普及。党的十一届三中全会后，教育系统得到迅速恢复发展，教师队伍不断得到巩固提高，学生入学率、毕业率均达到历史最好水平。1978年，全县共有全日制小学校194所，在校学生33 237名。

1956年，县内建第一所公办幼儿园。1958年，幼儿园发展到115所。1960年，成立通河县儿童保教委员会，幼儿教育逐步正轨，保育员的文化素质不断提高。1978年，县内共有5种类型幼儿园（班）。一是国家办，由教育部门直接管理；二是县内各级党政机关办；三是企事业单位办；四是民办；五是农村办。

（二）中等教育

1949年，全县初中1所，在校生517名。1978年，全县初中发展到22所，在校生10 214名。高中1所，在校生4 872名。

（三）专业教育

1957年，成立通河县盲聋哑学校。1963年3月，在通河县城成立朝鲜族中学。1977年，成立通河技工学校，在校生120人。

（四）业余教育

1950年，全县开办“冬学”“夜校”115处，208个教学班，由学校教师教农民识字。通河县的扫盲工作在黑龙江省第二次全省扫盲工作会议上介绍经验。1960年1月，中共中央在福建省福州市召开工农教育会议。通河县文教局局长刘清海在会上介绍了通河县培训工农教育师资的经验。大会将这一经验编入《全国工农教育经验汇编》一书。

（五）卫生事业

新中国成立后，本县医疗卫生事业得以迅速发展。30年来，坚持“预防为主”的方针，经常开展群众性的爱国卫生运动，建立健全县、乡、村三级医疗防治网，医疗卫生队伍迅速发展、壮大，医疗技术水平不断提高，彻底改变新中国成立前缺医少药、疫病连年流行满目凄凉的惨状。

1959年，县政府拨款在中央大街路南（现在的县医院门诊部）新建1 460平方米的医院，设病床60张，有医护人员40人。先后建立中医院、卫生防疫站、妇幼保健站等医疗单位。1970年，全县推广合作医疗，培训农村“赤脚医生”，建立农村卫生技术队伍。1976年，全县共有“赤脚医生”435名，生产队卫生员308名。

1978年，全县共有县、乡医疗单位29个，卫生技术人员693名，病床设备、医疗器械不断更新，可做高难度的内外科手术，使全县人民健康得到保证。

第五节　抗洪救灾

1957年8月24日，松花江水猛涨，沿江堤坝出现险情。又因全县连降暴雨，全县进入防汛紧急状态。沿江低洼村屯内涝严重，县委、县政府组织县科级以上干部发动群众防汛排涝，把抗洪排涝当成全县最紧急的中心工作。进行全民总动员，组织机关干部、职工、工人、农民、学生、妇女2万余名参加抗洪。新修和加固护城、护村、护田堤23处，完成土方量14万立方米。在松花江洪峰（水位105.6米）到达通河的日日夜夜，抗洪大军连续三天三夜战斗在江堤，县领导和执勤民兵七天七夜未下大堤。经过20天奋战，迁移受灾农户337户、抢出粮食65 400斤。使沿江的村屯安全渡过洪水期，保住7 621户民房和36 264口人的安全，保住4 448公顷农田。汛期，人和大牲畜无一伤亡。群众纷纷反映，只有在共产党领导下的社会主义国家才能战胜历史罕见的特大洪水。

三年困难时期结束，1963年5月2日和4日，北部山区5个公社51个生产队遭受严重霜冻。1964年5个公社33个生产队两次遭受雹灾，造成粮食减产。县委和县政府积极组织抗灾自救，带领全县人民战胜灾害，落实抢救措施，把损失降到最低，同时省也给予了救灾贷款，使灾区人民渡过了难关。

第六章　改革开放与革命老区建设

（1979—2016）

1976年10月22日，通河县城举行万人大会，庆祝粉碎“四人帮”的伟大胜利。10月24日下午，全县城乡数十万人收听北京百万军民共庆粉碎“四人帮”伟大胜利大会的实况广播。具有历史意义的党的十一届三中全会，于1978年12月18日召开，“文革”最终结束，给中国城市、农村带来生机和光明。从此，党的路线转为以经济建设为中心，开始了改革开放的伟大发展战略。通河农村逐步实行了联产承包责任制，极大地调动了农民的生产积极性，城镇工商业也出现了空前的繁荣。

第一节　经济发展

（一）经济总量

党的十一届三中全会以来全县政治、经济形势一年比一年好。1983年工农业总产值实现7 862.2万元，比1979年增长11.2%，平均每年递增2.7%。1997年，全县生产总值实现5亿元，比1992年增长96.9%，年均递增14.5%。

2010年，县域生产总值37.1亿元，同比增长15.3%（按可比价计算）；全口径财政收入2.38亿元，增长83.3%。

2016年，县域生产总值75亿元，与2011年相比，增长65.2%；地方公共财政预算收入2.38亿元，增长50%。

（二）农村经济发展

1979年至1983年，县委、县政府认真贯彻落实党的十一届三中全会关于发展农业的一系列方针政策，特别是1980年9月，中共中央发出加强和完善农业生产责任制的文件，责任制迅速推广，人民公社体制随之废除。1983年春，全县农村普遍推行家庭联产承包生产责任制，实行分田到户，自主经营。生产关系的改变，充分调动了农民生产积极性，生产力水平快速发展。当年，粮豆总产10 535万斤，比1982年增长73.4%，农民人均收入从1982年的40.6元猛增到169.6元，增加3倍多。1985年1月，取消粮食征购改订购，1992年取消粮食统购统销政策，粮食市场全面放开。

1988年至1990年，县政府紧紧抓住粮食生产，重点抓了农业技术的引进和应用，成果显著。1990年，农村人均收入787.2元。涌现出25个人均收入超千元村。1988年至1990年，连续三年被省委、省政府命名为粮食生产交售先进县，1989年12月通河县被省委、省政府命名为全省农业生产先进县，获一台802型链轨拖拉机奖励。

1989年至1990年大搞水利工程配套建设，广施农家肥和深耕，连续两年获"黑龙杯"竞赛金杯奖、全省耕地培肥达标竞赛一等奖。全县三年共造林105 220亩，成活率达90%，被松花江地区评为绿化工作先进县，被评为全国护林防火工作先进县。

1996年，通河县被国家农业部定为全国水稻生产全程机械化示范县。

1997年，通河县列入全国山区综合开发示范县。

1997年，全县坚持以资源为依托，加大资源开发力度，增加农业科技含量，推动农村经济由劳动密集型向科技密集型转化，综合效益明显提高。以水稻为主的粮食生产创历史最好水平。水稻产量占粮豆薯总产的78%。在优质水稻生产上有新突破，1994年，“雪光”大米在日本第三届粳稻优质米国际研讨会上被评为第二名。通河县被国家命名为全国绿化百佳县。

2010年，农村经济高效推进，粮食产能大幅提升。有机食品基地建设初见成效，粮食优质种植面积7.2万公顷，全县绿色食品认证A级标志14个，无公害标志4个。

2012年至2016年，农业成果喜人。水稻面积扩大到100万公顷，建成现代化农业示范园区9处，绿色、有机水稻认证面积达26万公顷；“通河大米”成为国家知名地理标志品牌，品牌价值83.2亿元；发展平欧大果榛子2万公顷、食用菌1亿袋，建成蓝莓、林下猪、林下鸡等林下产业基地32个，2016年林下经济产值近16亿元；完成土地整理、标准化农田、水毁修复等50余项农田水利设施建设，东部提水灌区、二甲沟水库等大型水利工程顺利开工；农村产权制度改革有序推进。

（三）农业机械化

1986—2016年部分年度农业机械拥有量

名称／单位／年度	农业机械总动力	各种拖拉机		配套农机具	水稻插秧机人力插秧机	收获机	机械动力脱粒
	万千瓦	台	千瓦	台	台	台	台
1986	5.69	2 535	33 407	1 104	64	11	551
1995	17.22	6 645	71 537	6 856	197	81	1 712
2000	20.40	8 866	97 520	1 845	1 358	552	2 431
2005	28.22	10 605	1 428 115	3 550	1 844	754	2 923
2010	56.65	19 378	334 864	15 259	8 288	1 835	3 573
2016	88.97	23 909	480 323	38 315	12 590	2 638	2 910

1983年，联产承包农业生产责任制分户经营以后，农民经济收入连年提高，再加上国家对农机具惠农补贴的实施，农村手扶式拖拉机、小四轮拖拉机、大中型拖拉机，收获机、插秧机等各种配套农具机械逐年增加。从1986年到2016年，二十年的发展，从图表可看出发展速度是惊人的。

1996年，全县共建100个典型示范基地，使水稻生产机械化在全县迅速展开。

1997年至1998年，全县投资3 379.3万元，进行水稻生产全程机械化示范县建设，通河县水田综合机械化程度从1996年全省第61位一跃到1997年的第24位，1998年的第10位。

2001年，县财政又投入资金35万元，增建、扩建工厂化育秧基地，育出适宜机插的水稻秧苗，解决水稻生产全程机械化的薄弱环节，初步探索水稻育秧工厂化、秧苗商品化路子。5月5日，在通河县农业科技园区召开全市“水稻机械插秧现场会”。6月，《哈尔滨日报》城乡新闻版以《稻农种地机械化，如今插秧不雇人》为标题进行报道。

2005年，荣获国家农业部“丰收计划”节本增效综合增产机械化一等奖。

2013年，全县农业综合机械化程度达到97.87%。机械播种（含机械插秧）占播种面积的98.39%，其中水稻机械插秧8.83万公顷，占水稻种植面积的98%；收获机械化程度达到90.98%。

2016年，农业生产全程机械化实施后，经过实测，全县仅水稻机插秧每年就可节约50万劳动日，节约工时费1 000万元。全县有1.5万个农村劳动力从繁重的水田生产中解放出来，从事第二、三产业，发展养殖、运输、加工、餐饮等3 600多户，促进农村第二、三产业的发展。劳务输出达5 000人，全县每年可创收1.2亿元，占农村总收入的20%。

（四）工业稳步发展

1978年党的十一届三中全会，确立了“把工作重点转移到经济建设上来”，企业恢复了党领导下的厂长、经理分工负责制，企业各项工作逐步走上正常轨道。

改革起步阶段，通河的地方企业在20世纪80年代，全县全民所有制工业24个，集体工业29个，乡镇工业45个，主要工业品有水泵、交流电动机、皮鞋、白酒、啤酒、锌皮、水泥、红砖、机制纸及纸板、人造板、面粉、干电池、机动脱粒机、饲料粉碎机等，产品销往省内外。这期间，普遍推行承包经营责任制 。自主经营，自负盈亏，增强了企业活力，到1985年，实现了预算内工业企业扭亏为盈。1987年至1989年，全县工业经济达到历史最好水平，出现了发电厂、纸浆厂、啤酒厂、轻工配件厂4户利税超百万企业。

在开发新产品中创出了一批优质名牌产品，食品厂生产的麦精露风靡省内外，曾在北京、广州等10余处搞联营办厂，1983年荣获黑龙江省颁发的优质产品证书；水泵厂生产的双龙牌2B-31A离心清水泵，获黑龙江省经委颁发的优质产品证书；农机厂的5T-80型打稻机、水泵厂的力矩电机、塑料厂的聚氯乙烯防腐胶粘带、纸浆厂的硫酸盐漂白木浆板、电池厂的R14手电池，分别被评为松花江地区优质产品。啤酒厂的山花牌啤酒，在1998年哈尔滨国际啤酒博览会上获“金熊杯”奖，塑料厂的聚氯乙烯防腐胶粘带在全国首届星火产品展览交易会上获铜牌奖。1987年到1989年，地方工业经济出现了一次高峰期。

从1993年10月份起推广外地经验，在全县工业企业推行了产权制度改革。有啤酒厂、纸浆厂、发电厂3户企业完成了国家参股式的股份合作制改造。氧气厂、塑料厂、印刷厂3户企业实行了民有民营。酿酒厂、水泵厂、制药厂3户企业实行剥离经营、母体裂变等形式的产权改造。其余24户企业都根据企业实际，完成不同形式的产权制度改革。这次改革，形成了产权清晰，责权明确，政企分开，管理科学的现代企业制度。工人真正成为企业的主人，企业真正步入市场经济轨道。1997年，啤酒厂、制药厂、热电厂、水泥厂4户老企业实现总产值2 170万元，利、税820万元。1997年，全县工业总产值实现6亿元，比1992年增长215.7%。

招商引资发展阶段，2003年至2006年，通过招商引资，企业改制，新办工业企业34户，其中达到一定规模的工业企业17户。以存明木业为代表的木材加工企业发展到114户；以绿丰米业为代表的粮食加工企业发展到79户。纸业、药业、矿产加工业初具规模，工业经济运行质量效益显著提升。2006年，全口径工业总产值实现12亿元，比2002年增长49.6%。

2007年，引资到位8 235万元，新上加工型项目18个，其中投资超千万元项目6个。全县融资2.4亿元。存明木业、久久药业、黑森林乳业等骨干民营企业得到发展壮大。2007年，通河宝通石英开发公司为中国人民解放军总装备部司令部921工程北京航天指挥中心生产了石英远红外光学玻璃（水晶大片）24片应用在“神七”航天器的实验仓上。

2010年，积极推进省级工业示范基地建设。省级工业示范基地建设获得省政府批准，规划面积扩大到4.2平方公里，完成征地28.5万平方米，土地平整10万平方米。入园企业存明木制品精深加工项目完成厂房建设，百家得冷饮、鑫玛集团热电联产项目开工建设，现代稻谷加工、樱桃谷鸭加工项目签约入园，并完成建设规划等前期工作。全年共引进项目16个。

2011年至2016年，五年奋进，狠抓经济要务，产业发展翻开崭新一页。工业加速崛起，累计投入5.4亿元，完成园区土地收储

256万平方米，工业园区实现“七通一平”（通路、通电、通水排水、通热、通电话、通网络、通电视信号，平整土地），获批省级经济开发区。引进产业项目57个，其中亿元以上项目37个。

2011年至2016年，入驻通河工业园区企业投入生产运营的有鑫马热电集团热电厂、百加得冷饮、存明木业、北京万里利达集团稻米精深加工、黑龙江迎春粮油食品工业有限公司粮食加工、哈尔滨工业大学爱科乐生物工程有限公司高性能浓缩食用菌加工、康源营养米业有限公司粮食加工、黑龙江长福食品有限公司食品加工、哈尔滨梓茂源生态山产品有限公司芦笋产业化开发及山产品加工、黑龙江宝润饮品有限公司、通河县龙能资源再生利用有限公司垃圾发电项目、通达物流项目等12个企业。

正在建厂的企业：黑龙江广通矿业科技发展有限公司石英制品生产项目、臻品生物科技有限公司榛子油加工项目、壳氏（黑龙江）新材料科技发展有限公司植物纤维产品精加工项目、哈尔滨百年世一药股份有限公司北草堂绿色国药基地项目、哈尔滨大东北禽业科技有限公司樱桃谷鸭产业化项目、哈尔滨鑫达物流有限公司现代信息化物流贸易中心项目、黑龙江佰益食品发展有限公司系列饮品产业化项目、黑龙江国际绿色有机食品交易中心项目、黑龙江顺灏生物科技发展有限公司开发生物有机肥项目、益丰食品有限公司大豆休闲食品加工项目、通河恒泰热电有限公司热电扩建项目、齐全生猪屠宰加工项目、诚信食品包装项目、田园农林公司的杂粮加工项目、哈尔滨林泉酒业项目、哈尔滨工业大学爱科乐生物工程有限公司马铃薯淀粉和高蛋白饲料生产项目。暂时停产企业：哈尔滨市秋丰粮油科技有限公司稻米深加工项目、哈尔滨天宏食品有限公司马铃薯加工项目、哈尔滨海通食品科技开发公司果蔬罐头加工项目。航电枢纽、通用机场等重大项目谋划启动；石油项目勘探试采；风电项目投入运营；与清华大学、省九〇四水勘院等高校、科研院所深度合作；与先锋集团等知名企业共同搭建产业引导资金平台，有效破解产业发展智力、资金瓶颈。

（五）商贸

1980年以来，城镇集体和个体商业、服务业发展较快。到1983年，全县集体服务网点已经增加到647个，从业人员达到13 516人；个体网点增加到1 195户，从业人员发展到1 223人。过去被人们称作“倒爷”的，都变成“小老板”，对搞活市场和安置待业人员起到了重要作用。农贸市场活跃。随着商品生产的发展，各类商品供应充裕，城乡市场繁荣，物价基本稳定。1983年，社会商品零售额达到6 882万元，比1979年增长41.3%。全县城乡储蓄余额达到1 879万元。财政形势开始好转，实现了收支平衡，略有节余。

在政策性支出逐年增加的情况下，经财政、税务、银行等部门的共同努力，连续八年实现收支平衡，略有结余，被评为全省“保盘子工程”先进县。实施“383工程”以来，采取积极有效措施，使市场物价稳中有降，1990年末，全县物价指数为4.4%，连续两年被评为全省实施“383工程”先进县。

第二节　社会事业全面发展

1980年，教育战线有新变化。全县城乡普及小学教育的成果得到巩固和提高，适龄儿童入学率基本稳定在95%以上。1985年，全县普通中学17所，高中在校生1 954人，初中在校生6 971人，完成普及教育的乡（镇）、村达98%。专业教育得到迅速发展，职业高中、农技高中、卫生学校、技工学校、电大广播学校、农民技术学校等均有招生。1987年，干部在职教育和工农业余教育被评为全区农民教育先进县。1980年，工农业余教育，大办初、高中文化补习班，还开办电大、夜大、函大学习班，对提高职工干部文化水平起到积极作用。城乡群众性体育运动正向深广方向发展，并取得一定成绩。1983年，参加全国、省、地各种体育项目比赛，夺得金牌21枚、银牌24枚、铜牌26枚。1984年，通河县运动员王海军（省体工队员），在第二届亚洲青年举重锦标赛（在印度尼西亚召开）100公斤级举重项目比赛中，夺得抓举、挺举和总成绩3块金牌。1985年，在全区青少年运动会上，通河县代表队荣获24枚金牌，夺取振兴杯和田径总分第一名奖杯，并获得精神文明奖。在全国田径分龄赛中，通河县一名13岁的女选手打破了短跑的全国纪录，为全县人民增了光。1990年，经国家体委验收合格，成为全国体育先进县。

1997年至2002年，大力实施科教兴县战略，科技进步对经济增长的贡献率达到43%，农业新技术覆盖面达90%。民营科技企业发展到22户。教育事业顺利通过国家“普九”验收。投资3 000万元新建、改建校舍38所，面积5.5万平方米。

2003年至2006年四年间，进一步调整中小学校网点布局，全面完成农村中小学校D级危房改造，农村远程教育设施一次达标；新建文化馆、图书馆4 200平方米；有线电视光网铺设实现村村通，入户率达到65%；程控电话入户率达到73%；新建县疾病预防控制中心，扩建县医院门诊部、住院处，改建肛肠医院共7 560平方米，改建乡镇卫生院8所、2 300平方米。启动农村合作医疗试点工作；全县人均寿命由1986年的69.12岁提高到72岁。人民生活水平显著提高。社会养老保险人均标准由476元提高到516元，养老保险金社会发放率达到100%；城镇居民低保标准由人均45元增加到80元，年度社会救助8.2万人次；完成农村敬老院整合，实现“五保”人员集中供养。对28个村实施扶贫开发“整村推进”，全省扶贫开发整村推进现场会在通河召开，县扶贫办被评为全国扶贫开发工作先进集体。创建平安通河工作取得显著成效，人民群众对社会治安满意率达到95%以上；通河县先后被评为全省平安县、全省经济发展法治环境先进县、全省社会治安综合治理先进集体、全市维护社会稳定工作先进集体。

人民生活得到改善，从下表中看出城乡居民的人均收入逐年增加。

1986—2016年部分年度通河县城乡居民人均收入状况表

年度	城镇人均收入（元）	增长率（同上年度比）	农村人均收入（元）	增长度（同上年度比）
1986	1 314		479.8	
1990	1 740		787.2	19.2%
1995	2 308		1.447	34.7%
2000	3 515	2.7%	2.290	14.16%
2005	4 871	5.7%	4.489	6.6%
2010	8 977	14.7%	8.011	14.5%
2015	18 820	7.9%	12.545	7.5%
2016	20 500	8.9%	13.600	8.4%

2006年至2011年，发放廉租房补贴1 752户，建设经济适用住房2.1万平方米，配建廉租房1.25万平方米，部分低收入家庭住房困难得到解决。破产企业退休人员全部纳入医保；城镇居民医疗参保面达71%；新型农村合作医疗参合率达98.8%。“五七工”“家属工”全部纳入社保。完成哈肇公路、鸡讷公路通河过境段和松花江公路大桥建设，打破区域交通瓶颈。完成占地3.2万

平方米体育场建设工程，成功举办第六届全民运动会。完成“三北”四期造林4.7万亩，全国生态示范县建设取得新成效。

2012年至2016年，立足以人为本，精准扶贫首战告捷。创新十大脱贫办法，3 000人贫困人口实现当年脱贫，脱贫率达到58%，工作省市占位。社会保障不断优化，五项基本保险提标扩面；普调社会救助补助标准，低保户实现应保尽保；配建廉租房370套，发放廉租房租赁补贴3 885户，改造泥草危房6 310户。为吸纳人才，于2015年在全市率先建设人才公寓，总投资达2 000余万元，建设总建筑面积4 575平方米，2016年9月投入使用，共入住各类人才78人，每套约65平方米，均为两室一厅全装修房，可供4人共同使用。公寓内，家具、电视、洗衣机、油烟机等家电一应俱全，取暖、网络、有线电视等费用均由县政府承担，供外来人才免费使用，根本解决了外来人才临时性住房问题，真正实现了人才“零负担”。其做法在全市推广。

民生事业快速发展。完成132个村屯、5.66万人安全饮水工程。落实老旧小区维修等补贴项目30余个，新建职教中心、第三小学等13所学校，维修改造校舍12.2万平方米，创建标准化学校16所。新建体育场、体育馆、档案馆、老年活动中心，改建青少年活动中心，建成乡镇文化站8个、村级文化广场17个，各类文学艺术、体育协会发展到62个。

第三节　抗洪救灾

松花江流经通河123公里，沿江一带在1991年、1998年、2013年曾发生特大洪水。三次洪水最高水位，都超过警戒水位1米以上，特别是1998年最高水位超过警戒水位2.14米，全县进入紧急状态，各堤段包段领导迅速到达指定位置，进行死看死守。来自牡丹江200名预备役官兵和通河人民一道抗洪抢险。在历时近两个月的与肆虐的洪水搏斗中，全县共出动人力100万人次，完成土方110万立方米，整修加固国堤、民堤10万米。安全转移灾民7 298户，27 083人。据统计，全县14个乡镇受灾，重灾乡镇10个，受灾村屯128个，淹没村屯31个，受灾农户1.2万个，人口5万人，房屋倒塌1.5万间，受灾校舍50所，农田绝产42万亩，直接损失4.5亿元。面对百年一遇的特大洪水，县委和县政府领导全县人民，以抗大洪、抢大险、救大灾、保家园的指导思想，14个乡镇全面发动奋起抗洪。经过两个月的奋战，保住了35公里的国堤和四镇（通河镇、乌鸦泡镇、清河镇、浓河镇）安全，实现了没决堤、没垮坝，没死人的目标。为永记通河人民抗洪的英雄事迹，在江畔公园内建了抗洪纪念碑。碑文是：通河是松花江水患多发之地。1932年洪水曾洗劫通河大地，1956年、1957年和1991年，通河连续遭受大洪水的袭击。特别是1998年松花江百年不遇的特大洪水席卷通河堤岸，最高水位达106.14米，超警戒水位2.14米。一时急流翻涌，浊浪滔天，长达40公里的通河堤段险象环生。超高水位持续月余之久。沿江7个乡镇，106个村屯，21.50万人口的生命财产安全受到严重威胁。在此危急之际，英雄的通河人民在中共通河县委、县政府的领导下，团结一致，万众一心，英勇善战，发扬了坚韧不拔、顽强拼搏精神，举全县之力，战恶浪，锁洪魔，保家园，确保了不溃堤、不垮坝、不死一人一畜，取得了抗洪抢险的伟大胜利。立碑纪念，碑文如下：

全县人民在这场抗御洪水、保卫家园的斗争中、表现出英雄气概和征服大自然的伟大壮举可歌可泣，名垂青史，将永远鼓舞着通河人民在建设社会主义市场经济中奋勇前进。为纪念抗洪斗争的伟大胜利，昭示全县人民的丰功伟绩，弘扬伟大的抗洪精神，铭记历史，激励后人，特建此碑，永志不忘。

中共通河县委员会　通河县人民政府　一九九九年九月立

三次洪水泛滥都给通河人民造成重大损失。但在县委和政府领导下，举全县之力，发扬革命老区人民敢于战天斗地的精神，抗洪抢险，使灾害损失降到最低，保证了人民生命财产安全。

第四节　城乡建设

1986年至2005年，通河县城乡基础设施建设日新月异。城乡建设高标准规划、高标准建设、高标准管理、全方位启动。1995年，完成通河城镇建设总体规划编制工作，2001年，县政府重新编制通河县通河镇城市总体规划，2003年，完成乡镇村屯规划。1995年和2002年，县委、县政府分别提出“实施小城镇建设带动房地产开发拉动”的办法，和“建设生态型、园林式新兴城镇”的奋斗目标。各单位想方设法筹措资金，投入城市建设，有17个单位新建集资楼17栋。建筑面积15.4万平方米，至此通河全县小城镇建设步伐加快。

2002年，县委、县政府为加强和推动城镇基础设施建设，改善人民群众居住条件和投资环境，繁荣县域经济，决定用3至5年时间将镇内道路全部改造成水泥路面。同时做出指示：自己的事情自己办，动员全社会参与，以硬性指标分解到各部、委、办、局及社会团体，每单位修建一条路。县政府与各科局签订责任状。当年，在全县道路会战中，各部、委、办、局38个单位紧缩办公费，共筹资1 103.1万元，修筑水泥路14条，总长15 647米，总面积87 043平方米。县城主要街道基本建成水泥路面。至2005年底，总投资4 543.054万元，修筑水泥路320 013平方米，镇内水泥路面达95%。城镇主次干道骨架形成，形成便利、宽敞的城市交通网。2005年初，省市扶贫办投资360万元，县政府自筹240万元，共计600万元分别为8个村修建水泥路面14 389米。结束农村没有水泥路面的历史，村镇道路总面积609.08万平方米，其中水泥路面占1.8%，沙石路铺装率98.2%。协助建设单位完成哈肇公路通河境西段建设，硬化通乡通村通场公路10条，100.6公里。

2002年，农村61个村安装自来水，自来水入户率100%，普及率74%；通电话的村屯144个，占全县村屯总数的 65.7 %，农村8个乡镇82个行政村全部安装有线电视达到全覆盖。县城街道植绿化树2.1万棵，栽植花木25万株，草坪20万平方米；实施亮化工程，安装景观灯11组，更新路灯450盏，楼体亮化率85%，沿江亮化100%。 1986年，通河镇被省委、省政府命名为省级文明镇。连续多年，通河县被省委、省政府命名为全省文明城镇和文明村建设先进县。2001年8月，全省小城镇规划现场会在通河县召开。通河县荣获全省城乡规划管理先进县、省级卫生城和哈尔滨市城镇管理工作先进县。

2006年至2011年，六年间城乡面貌深刻变化。城建总投资达23亿元，城区面积扩至12平方公里。完成城市建设总体规划及水系、风貌和景观建设等专项规划。着力实施旧城区、旧楼体改造、三横三纵主街路及入城口改造；着力推进工业新区、商服、亲水景观、基础设施配套、绿化亮化升级等十大工程建设。建设完成四大主题公园，三大商业街区，城市承载力、辐射力大幅提升。果断引进鑫玛热电联产项目，供热难题彻底解决。改造棚户区63万平方米，房建面积188万平方米。投入新农村基础建设资金近12亿元。农村道路硬化415公里，通乡通村率达100%；完成泥草房改造6 536户，农村砖瓦化率达87%。被评为全省“泥改”工作先进县。建成“万村千乡”市场工程农家店100家；在全市率先启动建设全省1个百强镇、7个中心乡镇综合开发和2个现代农庄建设；同步推进农村环境配套建设，农村生产生活环境大幅改观。

2012年至2016年的五年，城乡面貌再展新姿。在创建国家卫生县城的带动下，城市品位大幅提升。启动城市环路工程，实施7条城区道路拓宽改造；城市燃气、垃圾处理、给排水管网、供热扩建等一批基建项目相继完工；9大方面52类卫生城创建任务实现达标，成功争获国家级卫生县城殊荣。

泥草房改造完成2 000户；升级10个星级村。严格兑现农村人口进城优惠政策，陆续有2 700户农户迁至县城或中心镇村居住。

成为全省百强镇的浓河镇主街路综合改造项目基本完工；三站、富林、乌鸦泡三个乡镇文化广场建成使用；祥顺、浓河、清河污水处理项目完成主体工程。7个中心乡镇、8个中心村配齐环卫设施，组建环卫队伍，主街路实现全天候保洁；全县新建垃圾中转站3处，城市保洁模式逐步向中心乡镇、中心村延伸。创建国家级生态乡镇2个、省级生态乡镇6个、生态村75个。有序推进美丽乡村建设，打造富强、长兴、太平山等一批新型农庄范例。

2016年，启动城市环路建设，实施大通河大街打通工程，新建、扩建城区道路21条，由原三纵三横发展为四横四纵街路主框架成型；完成松花江书画艺术长廊和亲水景观工程；棚改项目35项，新增房建面积186万平方米，城市承载力、辐射力不断攀升。

第五节 扶贫开发和精准脱贫

1986年，通河县被列为省扶贫开发重点县之一，由省交通厅包扶通河扶贫开发。全县共有贫困户17 507户、64 013人，占全县总户数31.7%、总人口28.08%。

1988年，省、地（松花江地区行署）和县共投入扶贫资金132万元，重点扶持一批农业基础设施和交通建设项目，使贫困面貌有所改善。

1994年，中央制定并实施《“八七”扶贫攻坚计划》，当年，省、市先后有13个部门包扶通河县扶贫工作，通河县实行部门定点包乡包村，县乡干部重点包户的办法。共对34个贫困村和912户、6.8万人实行重点包扶。

2002年，县委、县政府制定《县级领导整村推进工作责任制》和《全县进一步做好包扶贫困村屯的实施意见》，在全县实施县级领导每人包扶3户贫困户，乡镇领导每人包扶2户贫困户，县直部门副科级以上干部每人包扶1户贫困户“三二一”整村推进包扶工程，全县各级领导干部共包扶508户贫困户，一包三年，确保脱贫。

2002年至2006年，全县累计捆绑使用资金2 558.4万元，建设209个扶持项目。2003年，实施“整村推进”，脱贫6 973人，占贫困人口的12%；2005年脱贫5 718人，占贫困人口的9.9%。两批整村推进的16个重点村已全部通过省级检查验收，其中有11个村达到优秀标准。通河县扶贫办连续两年荣获“全市扶贫帮乡先进集体”，当年被评为“哈尔滨市第三十一届劳动模范表彰大会先进单位”“国务院扶贫系统先进集体”。2006年，积极协调，上下对接，全力开展对贫困村和贫困户的帮扶工作。全县各机关企事业单位为贫困村投入850多万元资金，资助村屯基础设施和公益事业建设和贫困户泥草房改造。省、市直机关和部门16个单位分别帮扶16个村。筹集帮扶资金和捐助物资折合人民币共843.35万元，帮助所帮扶村建设电力抽水、危房改造、修建村道、农道、建设桥梁、维修小学校、引水渡槽、打抗旱井等扶贫项目。2006年，对凤山镇青山村下青山屯22户村民实施整屯搬迁，使贫困户全部脱贫。全县有4 612户贫困户实现脱贫。荣获人事部和国务院扶贫办联合表彰授予的“全国扶贫系统先进集体”称号，市政府在通河先后召开“全市新农村建设帮建帮扶通河现场会”和“全市扶贫帮乡对接片会”，交流通河县扶贫开发和新农村建设经验。

2007年至2011年，利用省市争取扶贫专项资金3 589万元，重点用于贫困村道路、人畜饮水、扶持贫困户养殖大鹅、种植黑木耳等77个项目。通河县是全省23个试点县之一，通过调查摸底，确定全县有贫困户3 606户，贫困人口8 460人，其中低保户290户，低保人口580人。聘请国家发改委专家制定《黑龙江省通河县脱贫强县发展规划研究》。

2012年至2015年，利用省市扶贫开发项目资金4 813万元。完成“十二五”期间贫困村扶贫开发整村推进工作。集中用于修缮贫困村村内道路、建设农业基础设施、扶持贫困户发展种植业、养殖业等产业化扶贫项目共77项。通过扶持，2 190人贫困人口实现脱贫解困。其中在青山村主屯屯南建大榛子示范基地，占地面积127亩，总计投入扶贫资金135.284万元，栽植两年生大榛子苗木13 200株。大榛子示范区采取合作社集体经营模式，成立“青山大榛子栽培合作社”，全村168户538人贫困人口全部加入合作社，可以通过此项目实现脱贫解困。2013年，在桦树村村西建木耳栽培示范基地，占地面积7万平方米，总计投入扶贫资金140万元，当年秋季完成15栋挂袋木耳大棚建设。经营模式采取合作社集体经营模式，成立“黑木耳栽培联合社”，桦树村19户贫困户以土地入股形式入社，参与分红。

2016年，对精准扶贫工作进行精准确认、建档立卡。通过多次筛查，确认全县建档立卡贫困户为3 267户、5 191人。开展产业脱贫，一是巩固完善扶贫产业基地工作。全县建32个产业扶贫基地，发展种植业扶贫项目15项、养殖业扶贫项目12项，940户，1 423人贫困人口通过扶贫产业脱贫。二是扶持贫困户个体发展。在养猪、鸡、鹅、鸭上给予资金扶持，150户贫困户受益。三是重点扶持长兴等村农家乐，带动40户贫困户脱贫。以3个整村推进贫困村为主，统筹安排落实脱贫项目18个，雨露培训计划2个，直接扶持贫困户2 097户。投入75万元，给山区贫困村青山村建提水站，使全村旱田大部分改成水田，人均增收10 000元以上，被群众称为“最保准、最长远”的扶贫项目。全市精准扶贫现场会在通河县召开，通河县在会上作经验介绍，市国土局派驻通河县桦树村第一书记王仲明作经验介绍。市委副书记王铁强充分肯定通河县脱贫攻坚工作领导带头干、方法有创新、称之为通河扶贫模式。

第六节　革命老区镇建设显著变化

通河县被国家民政部定为革命老区的清河镇、祥顺镇、凤山镇，在十四年抗日斗争中，是抗日联军的根据地、游击区。清河沟里的鹰窝密营曾是北满临时省委驻地，经常开会的地方，一时成为北满地区抗日指挥中心。今天，在向小康社会迈进的征途中，老区人民发扬自力更生、艰苦奋斗的精神，在国家的帮扶下，发生了翻天覆地的变化，有的老区镇走在全县乡镇的前头。

（一）清河镇

1.概况

清河镇位于通河县最东部，东邻依兰县松花江农场，南与依兰县达连河镇和方正县沙河子煤矿隔江相望，北邻铁力市。镇人民政府驻地清河村，距县城60公里，镇北侧是清河林业局驻地。省级哈肇公路东西横穿全境。该镇居松花江北岸，设有码头1处。全镇10个行政村26个自然屯，总户数5 535 户，其中朝鲜族765户。总人口19 662 人，农业人口15 392人。镇有普通中学 1所，小学 8所，卫生院 1 个。

2005年，村级公路多为沙石路，镇内主要巷道为水泥路，农村住房砖瓦化率82 %，有线电视入户率100 %，自来水入户率100 %，电话入户率70 %。全镇以农业为主，总播种面积11 044公顷。大中型拖拉机478 台、小型拖拉机1 125台，大中型配套农机具502 台。经济专业村屯1个，种养和加工专业户 62 户。有工业企业34家，个体工商户415户。依托清河林业局的木材资源，全镇形成以木材精深加工为主的工业群，以朝鲜族为主的劳务输出的劳动力转移为特色品牌。

2.农业及产业结构调整

2006年至2016年是清河镇各项事业发展的快速时期。依靠科技进步，扩大水稻种植面积调优调绿。2016年，总播种面积15 396公顷，其中水稻种植面积12 685公顷，占播种总面积82.39%。发展优质水稻4 000公顷，新增建水稻标准化棚区3个；建水稻高产示范区2个面积333.3公顷。农业机械化，全镇有各种拖拉机2 966台，各种机械设备6 098台（套），农业生产全程实现机械化。畜牧业有以肉牛、奶牛、羊、猪、鹅为主的畜牧业生产，

2016年年底肉牛、奶牛存栏 510头，猪存栏数15 564头，羊存栏9 625只，家禽存栏181 218只，兔存栏55只。肉类产量合计5 303吨，奶类产量473吨，禽蛋产量897吨。建蓝莓、草莓采摘示范园各1万平方米，发展红小豆933.3公顷，高粱13.3公顷，平贝8公顷，棚室菜31公顷，两瓜23.5公顷，马铃薯13.3公顷，食用菌60万袋，养蜂20 000箱、蜂产品1 500吨。发展大果榛子333.3公顷。输出转移劳动力3 000余人，年实现劳务收入6 000余万元。2016年，农业总产值1.7亿元，农民人均纯收入14 003元，比2005年人均纯收入4 489.9元增长67.9%。

3.镇办企业

2006年，新上项目11个，达到规模的企业3家，企业纳税上升到130万元。2007年，以省级工业小区为依托，新上项目18个，达到规模的企业2家，改建扩建企业2家，新上项目企业3家。2009年，巩固工业园区建设成果，新建稻米加工企业1家，改建扩建企业2家，新上项目企业2家，帮助8户企业进行设备和技术改造。2016年，累计引资1.6亿元，新上生产加工类项目6个，工业总产值4.2亿元，比2011年增长75%。

4.中心镇建设

（1）道路建设。到2016年镇内新修筑水泥和沥青路面共22 200平方米，栽植绿篱5 000米。彩化步道板铺装13 448平方米。安装路灯共100盏。（2）给排水。到2016年，累计投资224万元完成镇内水厂扩建工程，改善镇内居民用水难问题。投资146万元，铺设中心城镇地下排水2 680米和排水管网疏通工程。（3）楼房建设。2011—2014年，中心镇居民楼建设快速发展，引资9 880万元，完成中央大街两侧和西北河大街5个小区商品住宅楼建筑。总建筑总面积11.7万平方米。（4）基础设施建设。2012年，西城口两处三角地带改造铺置草坪2 500平方米，设置以北斗星为构架的七星石镇标。哈肇公路过境段安装太阳能路灯120盏。打造哈肇过境“香化美化长廊”栽植花卉10余万株。2014年，完成2 000平方米中心停车场及文化广场、综合文化站建设。（5）镇内环境卫生整治。2011年，成立清河镇城镇管理中队，建立管建并举的长效制度。2011年，清河镇被命名为“黑龙江省生态乡镇”。2013年，将中心镇环境卫生治理工作竞价发包给专门物业公司维护管理，全年保洁。2015年，中心镇环境卫生整治工作实现全覆盖、常态化。

5.新农村建设

（1）村屯建设。2006年开始逐年将村内沙石路改建成水泥路面，至2016年为25个村屯修筑水泥路面32.5公里，同时完成边沟、树床和路肩工程。哈肇公路沿线栽植绿化树12 588棵。（2）新打自来水井2眼，新上水处理设备1套。自来水新入户7个村屯。（3）实施帮建优惠政策共改造泥草房119户，建筑面积5 200平方米。2013年，漂河村完成4 000平方米农民集资楼建设。2014年规划启动省投资1 426万元的1 100户危房抗震和节能房示范改造工程。靠山村等安装路灯160盏。建设西北河、漂河两个村景观栅栏4公里。新建村办公室2个。（4）村屯环境建设。2011年，全面开展生态乡镇建设活动，建设以二道河子村、清河村“自我管理，净化保洁”为示范村，管理落实到户到人，呈现出共创共管新格局。二道河子村被命名为“黑龙江省生态村”。2013年，推进哈肇公路沿线6个村环境整治，哈肇公路沿线香化美化长廊建设初见成效。完成西北河流域治理工程申报工作；开展环境污染专项治理工作，关闭炭厂6座，整改木材加工厂、米厂等环境污染企业11家。2016年，二道河子村荣获市级廉政建设示范村，西北河、靠山、小古洞等6个村晋级省级生态村。清河镇被命名为哈尔滨市“社会治安综合治理示范乡镇”。省百镇试点建设在市级参评获得通过，先后荣获“全国文明村镇建设先进镇、全省环境优美乡镇、省级生态乡镇”等荣誉称号。

（二）凤山镇

1.概况

凤山镇位于通河县最北部距县城西北40公里，是通河县北部边陲之镇，北与铁力市双丰林业局接壤，西与兴隆林业局各林场相接。民国18年（1929年）设凤山设治局，日伪统治时期曾设立凤山县。1984年由乡建镇，2003年，蚂螂河乡并入凤山镇，政府驻地和平村。全镇总面积1 861.61平方公里。境内地势处于高山丘陵地带，北高南低。辖10个村，26个自然屯。鸡讷公路南北穿境而过。乌鸦泡至兴隆森林铁路从镇内通过。

2005年，全镇有汉族、蒙古族、回族、朝鲜族、满族5个民族，居民3 667 户，11 360 人，其中农业人口8 632人。镇有普通中学2所，小学11所，卫生院 1个。主干道和村级公路多为沙石路面，巷道沙石路或土路，农村住房砖瓦化率67%，有线电视入户率100%，自来水入户率85%，村村通汽车，电话入户率70%。有大中型拖拉机169台、小型拖拉机563台，大中型配套农机具228台。经济以农业为主。全镇耕地总播种面积6 151公顷。专业村屯2个，种养和加工专业户121户；有企业28户、个体工商户104户。依托木材资源形成以木材深加工和依托林下产品进行山野菜采集和加工的特色经济，近年又成为以种植五味子为主的“北药”基地。主要旅游景点有岔林河漂流、青峰山庄、乌龙国际狩猎场、石猴山冰湖旅游区。

2.农业及产业结构调整

以发展水田为主攻方向和发展“药、牧、菜、菌、烟”五大产业，努力建设绿色产品生产基地。到2016年，农作物总播种面积9 272公顷。水稻播种面积7 784公顷。比2005年增加5.56倍。建立宏和水稻农机合作社，已注册宏和牌大米地理标识。旱田播种面积1 488公顷。

农业机械化。全镇农机总动力3.98万千瓦，比2005年增加2.3倍。有各种拖拉机1 131台，各种机械设备2 513台（套），农业生产基本实现机械化。

畜牧业发展。2016年底，肉牛、奶牛存栏3 936头，猪存栏11 089头，羊存栏9 348只，家禽存栏145 930只，兔存栏2 930只，养蜂2 321箱。肉类产量合计4 216吨，奶类产量320吨，蜂蜜产量69 630公斤，禽蛋产量451吨。

特色养殖业。2016年，争取上级资金30万元扶持船口村鸿雁养殖项目，已发展到3 200只；蜂32 000箱；林下猪发展到1 600头；林下鸡发展到5 700只；林蛙110万只；二代野猪、小笨猪发展到1 530头；羊发展到1 560只；黄牛发展到1 320头；野鸡、小笨鸡、三黄鸡、大鹅发展到 23 000只。

特色种植业。2011年，争取国家项目资金150万元，加强优质烤烟种植基地建设，全镇优质烤烟种植发展到2 300亩，烟户纯收入400万元。2016年，黏玉米、甜玉米、绿豆、红小豆、芸豆、棚室菜等特色经济作物面积发展到1 200公顷。2011年，以焕同山产品加工厂为龙头，签订采收合同，组织广大农民季节性上山采集山野菜、五味子、榛子、核桃、松子等山产品，人均增收340元。焕同山产品加工厂拥有国内一流的生产设备和具有高超的生产技术，其产品得到省级质量认可。在哈尔滨、大连等多处超市均有销售。2016年，通过建立食用菌合作社，食用菌已发展到550万袋，种植平欧大榛子165.7公顷，带动贫困户 127 户；人参种植面积发展到106公顷；北药发展到448公顷（刺五加138公顷，平贝、五味子310公顷）。

依托县劳转办、县职教中心培训基地平台，技能培训农村青年350人。每年季节性转移农村剩余劳动力1 320人次，仅此一项增收近800万元。2012年，凤山镇被评为“市级劳动力转移先进集体”荣誉称号。2006年至2016年是凤山镇经济发展的快速时期， 2016年，农村经济总收入2.28亿元，比2005年增长590%。农民人均纯收入14 300元，比2005年人均收入4 262元增长235%。

3.招商引资

到2016年累计引进资金2.1亿元。引进黑龙江宏参伟业科技有限公司，韩国高丽参种植，进行深加工投资1.2亿元，其中黑龙江益企投资有限公司投资5 000万元。引进药材商投资1 000万元，在船口村友爱屯流转土地1 000亩进行北药种植，已耕种药材主要有防风、黄芪、板蓝根。引进北大仓农业科技有限公司在和平村万柳屯投资5 000万元，收取山产品，进行深加工。引进隆泽轩米业，投资3 000万元与宏兴宏和水稻合作社合作，进行稻米加工销售。

4.镇村建设

（1）新农村建设试点村。2006年，青山村下青山屯22户实行整体搬迁，新建砖瓦化居民住宅11栋924平方米，自来水、道路等配套建设一步到位。至2016年，青山村安装LED路灯48盏，安装村民铁栅栏2 200米和防腐木栅栏3 700米，水渠硬化及广场周围硬化，建村办公活动室和卫生所，硬化广场2 000平方米。青山村荣获国家级文明村、国家级无邪教村等荣誉称号。（2）道路硬化。2006年至2016年，10年共修筑村屯内水泥道路54.79公里。全镇村、屯内道路硬化率达到95%，安装彩钢杖子和铁栅栏9 600米。中心镇铺设了人行道，镇内道口全部硬化。2015年，通村路建设4条，10.109公里。 期盼多年的凤阳村大桥开工建设，桥长71.54米。（3）绿化。到2016年，绿化村屯28公里，村内栽植绿化树14 380棵，栽花43.5万株。绿化通村公路20公里。投入资金10万元，完成主街两侧和鸡讷公路两侧的绿化。2009年，完成春季“三北”四期造林1 500亩，岔林河沿岸绿化2公里。（4）泥草房改建。2008年，县委、县政府出台泥草房改建优惠政策，政府补贴，社会救助，农户自筹改建泥草房。当年改建20户，全部入住。到2016年，改建泥草房467户。农村住房砖瓦化率达到72%。2012年，镇内主街两侧新建商服楼4栋，建筑面积4 300平方米。（5）基础设施建设。到2016年，新建和改建村三室16处，面积2 900平方米；2011年，镇政府自筹资金17.5万元，为新建村部安装铁栅栏800米、铺设彩色甬路1 500平方米。全镇新建标准化书屋5个，创建文化大院3处，文化综合俱乐部1处，水泥灯光篮球场1处，镇内建停车场1处。（6）饮水。2007年，结合革命老区建设项目，为9个自然屯安装自来水。2014年，县政府投资71万元在镇政府所在地完成5 772米自来水管网改造工程，顺利与新打的105米深水井实现连接供水。（7）环境卫生整治。2016年，重点在四马、青山、和平、清茶、凤阳5个村全面实行卫生保洁管理，中心镇建设垃圾场1处，通过县里组织的“美丽乡村”检查验收。

（三）祥顺镇

1.概况

祥顺镇位于县城东部，距县城35公里。东与清河镇为邻，西与三站乡相连，南隔松花江与方正县高楞镇相望，北与县林业局乌拉浑林场、清河林业局相接。镇政府驻地祥顺村。省级哈肇公路东西横穿全境。镇辖境总面积636.89平方公里，辖 13个村29个自然屯。2003年3月由乡建镇。全镇农作物主要是水稻，其次是大豆、玉米，是全县闻名的鱼米之乡。

2005年，全镇居民5 559户，20 244人，其中农业人口16 215

人。镇有普通中学1所，小学12所。卫生院1个。村级公路和巷道多数为沙石路，农村住房砖瓦化率74%，有线电视入户率100%，自来水入户率100%，村村通汽车，电话入户率76%。有大中型拖拉机674台、小型拖拉机1 173台，大中型配套农机具689台、农业机械总动力 5.34万千瓦。经济以农业为主。播种面积15 647公顷，专业村屯1个，种养和加工专业户 148 户。发挥土地面积大的优势，发展水稻生产，成为通河县的水稻主产区。

2.农业及产业结构调整

祥顺镇党委和政府以“转型升级，绿色发展”为工作主基调，聚力发展水稻调优调绿，旱田调特，林下做精。进一步优化种植结构。到2016年，发展订单农业10万亩；打造向阳、西六方2个万亩绿色水稻种植园区；四方泡、永乐、西六方为3个绿色水稻专业村；成立远古、通江河、福龙3个万亩合作社，创建“嘉欢”“通江河”“关东地”3个稻米品牌。农作物总播种面积16 656公顷，粮食总产量11.3万吨。有各种拖拉机3 398台，各种农机具等设备6 928台（套）。农业生产全程基本实现机械化。畜牧业发展。2016年底，主要畜禽存栏：肉牛、奶牛存栏4 593头，猪存栏14 721头，羊存栏3 086只，家禽存栏79 144只，兔存栏1 431只，养蜂82箱。肉类产量合计5 153吨，奶类产量118吨，蜂蜜产量2 460公斤；禽蛋产量61吨。大雁养殖9 000只，其中春阳合作社在哈市养放飞雁2 000只。万寿菊示范订单种植203公顷；地栽木耳60万袋；以“森之源”榛子合作社为龙头，发展平欧大果榛子69.7公顷，建采摘园1处；新丰企业股种林下参15公顷。2016年，农村农民人均纯收入15 058元，比2005年人均纯收入5 144元增长193%。

3.中心镇建设

（1）公共设施建设。2009年至2012年，投资150万元，对政府办公楼进行修缮。新建祥顺镇卫生院门诊楼、派出所、计生服务中心办公楼和镇中心幼儿园，建筑面积共4 080平方米。（2）住宅建设。2011年，小城镇建设引进3个房地产开发公司，拆迁41户，完成拆迁面积22 474平方米，建设综合楼9栋，建筑面积44 000平方米。2013年，中心镇新开工建设红光家园二期住宅小区6 500平方米、市场小区7 000平方米。（3）给排水建设。2014年，建设给水处理工程，争取国家资金500万元，打水源井、建水处理厂，铺设供水管线、彻底解决祥顺中心镇吃水难问题。2015年，通过市场化运营，引进黑龙江环球天龙环境工程有限公司，投资1 850万元，建设污水处理厂1个。（4）过境路沿线治理。2011年至2015年，镇内哈肇公路过境路两侧开展绿化、彩化、亮化工程。苗床换填黑土3 500立方米，新栽植绿化树15万株，栽花1.5万株。两侧人行道彩砖步道板铺装14 342平方米；过境路主街安装太阳能路灯80盏；整治镇内环境卫生，推行全天候保洁，垃圾定时定点回收，镇内卫生环境明显改善；新建中心停车场2处。

4.新农村建设

（1）道路建设及绿化。2006年3月，祥顺镇被哈尔滨市列为首批新农村建设典型示范镇之一。从4月份开始，全镇上下齐行动，广泛宣传，营造良好的自我参与、自我管理的建设氛围，大力推进基础设施建设。全镇13个行政村的新农村建设工作以道路硬化为主体，包括三室建设，村屯公园、改水、改厕、村屯绿化等内容，至2016年，共修筑村内水泥路面71.57公里。通乡通村公路建设水泥路面48.68公里。全面完成全镇13个村水泥路两侧绿化总计78.688公里。共栽植榆树、杨树184 850株，绿篱86万株，栽花8.7万株；完成太平山村等5个村河渠边的造林绿化195.4公顷；共铺设排水明沟47.74公里，修建桥涵109个；4个村屯完成改厕405户；3个村安装沼气池400户；村建设公园2处；7个村安装路灯 290 盏；农户院内硬铺装面积5 900平方米；建设灯光篮球场2个；建文化广场和文化大院各2处。2008年至2016年，全镇完成工程造林3 638亩。修整农道11条19.8公里。（2）房屋改造。2008年农民自建砖房101户，建筑面积13 460平方米；完成大林子村新建农民集资楼1栋5 000平方米，50户农户入住。2008年至2016年，全镇建设稻草板房224户，建设面积9 756平方米。在向阳村建设成稻草板房一条街，使贫困群众都住上舒适的新房。全镇泥草房改造136户，建筑面积7 824平方米，全镇累计有210户农户到县城和中心镇投资购房。（3）改水。2014年，为新发屯铺设引水管线2 500米。2015年对东六方、魏玺等4个村进行自来水改造，新建泵站1座，管网重新铺设。（4）环境整治，各村屯的环境建设彻底改观。很多农户进行了庭院地面铺装红砖或水泥板，杖子换成铁栅栏。镇城建部门依据城镇建设的有关规定，依法对部分违章建筑进行处罚。全镇各村制订环境管理管护公约，成立专业卫生队伍，实行各户门前四包。做到街道整洁，垃圾日产日清。在镇内过境路两侧安放垃圾箱40个，采取对外发包方式，对垃圾进行及时清理，确保祥顺镇过境路干净整洁。

5.镇办工业

（1）2011年，东六方村引进投资200万元稻米加工厂项目，西六方村引进投资500万元哈市冠球生物有机肥加工项目，投资300万元碳棒生产加工项目。（2）稻草秸秆回收项目。秸秆新能源农民专业合作社，累计投资3 400万元，生产稻草砖、碳棒、颗粒，年回收稻草秸秆1.7万吨。（3）兴隆村3万吨仓储项目。2017年，“嘉丰公司通河县水稻合作社”与黑龙江倍丰集团嘉丰公司签订合同，在兴隆村投资建厂，经营项目为肥料配送、水稻收储、大米加工，投资金额分两期共计1亿元。（4）日月花食品有限公司酱菜生产及蔬菜基地建设。2016年，在乌祥路北距祥顺镇政府所在地4公里处建厂，以加工成品酸菜、酱腌菜等为主要经营项目，至2017年总投资700万元，在永乐村东建蔬菜生产基地1处，建蔬菜大棚100栋，窖储3 600立方米，酱菜厂年腌制大白菜3 000吨，成品酸菜1 500余吨，产值1 200万元，实现利税10万元。（5）2016年，引进金祥顺和坤强热力有限公司，投资3 000万元进行集中供热和热网改造。

第七节　通河县老区建设促进会

（一）机构设置

1996年10月成立通河县老区建设促进会（简称老促会）。设名誉会长1人，顾问1人，会长1人，副会长1人，秘书长1人。2005年10月成立通河县老科学技术工作者协会，由县老促会正副会长兼任县老科协正副会长，一套人马两块牌子。增设县老促会副秘书长和县老科协秘书长兼办公室主任各1人。

2006年初，成立“通河县老区工作领导小组”，下设革命老区工作办公室，设在县扶贫办。全县3个老区镇和33个老区村成立老促会，2007年，经省民政厅批准的3个革命老区村，于2012年也都成立了老促会，全县3个老区镇、36个老区村，建立健全了老促会组织机构和工作网络。

2012年6月，调整全县老区工作领导小组，组长由县委副书记、县政府县长担任。成员单位由县涉农部门一把手担任。吸纳40名知名人士和实业家为县老促会会员。

通河县革命老区镇、村分布一览表

乡镇	老区村	类别
凤山镇	四马村、宏兴村、蚂螂河村、青山村、福山村、船口村、和平村、清茶村、凤阳村、凤山村	民政部审批国家级二类老区
清河镇	西北河村、漂河村、新兴村、二道村、靠山村、大古洞村、山河村、清河村、小古洞村、新建村	民政部审批国家级二类老区
祥顺镇	兴隆村、永乐村、向阳村、新丰村、祥顺村、四方泡村、新乡村、太平山村、魏玺村、大林子村、西六方村、南六方村、东六方村	民政部审批国家级二类老区
乌鸦泡镇	乌鸦泡村	省民政厅审批省级老区村
三站镇	三站一村、兴凤山村	省民政厅审批省级老区村

（二）获得荣誉

2006—2008年，县老促会连续三年荣获县“超越自我、争创一流”先进单位奖牌；2007—2018年，县老促会连续11年荣获全国老区宣传工作三等奖；2007年，被评为省、市两级老区建设工作先进集体标兵；2011年，被评为全省革命老区发展建设工作先进集体；2012年4月，县老促会被省、市老促会分别评为革命老区发展工作先进单位；2013年，县老促会荣获全市老区工作先进集体标兵称号；2016年，县老促会被省、市老促会评为省、市老促会系统宣传工作先进单位；同年县老促会会长赵雁行同志荣获中国老区建设促进会颁发的2015年度“革命老区减贫贡献奖”。

（三）弘扬老区精神

县老促会组建初期，在全县建立县、乡、村三级老区宣传通联站42个，设老区宣传员67人。2006年，县老促会根据省、市关于抢救革命历史资料，建立爱国主义教育基地的要求，协同县政府相关部门和人员深入到全县老区乡镇、村屯调查老区人民抗日斗争的革命的历史资料。协同党史、政协文史部门挖掘整理了抗日斗争时期历史材料和红色资源。20年来，老促会与党史研究部门共同挖掘整理以反映抗联斗争为内容的《通河文史资料》二辑出版，征集文史资料10万字。编写出版《铧子山抗日烽火》《铧子山情缘》《通河老区丛书》《大通忠魂》《通河抗日烽火》《陈云在通河》等反映通河人民在抗日战争时期的历史事实书籍。老促会在《中国老区建设》《开发研究与老区建设》《黑龙江革命老区》《黑龙江档案》《世纪桥》《 退休生活 》《北方文物》等期刊杂志上发表366篇弘扬通河老区人民和抗联战士在抗日战争时期与日本侵略者英勇斗争的事迹文章、老区经济发展、文化建设等28幅红色旅游图片。2004年，县委用党费为36个老区村党支部订阅《中国老区建设》期刊，由此，订阅《中国老区建设》每年订阅量达170份左右，为扩大老区宣传面、弘扬老区精神起到了推动作用。2009年初，县老促会协同县广播电视局，为庆祝新中国成立60周年，在县电视台连续一周播放“通河老区的由来”“支持老区快速发展”“通河老区换新颜”专题片，全面宣传通河县革命老区。

2007年起，木兰、通河、方正三县老促会组织三县老年艺术团连年举办革命老区文化联谊活动。2013年以后，老区文化联谊活动增加到五个县市。

2016年，县老促会为宣传各部门帮扶老区发展的典型事例和先进经验，编辑出版了《脱贫之路——通河县精准扶贫纪实》图片集一书。近年来，县老促会联合县委宣传部等多家单位举办老区农民歌手大奖赛、老区农民文艺会演、赴老区慰问演出等多种形式，宣传老区，助力老区经济和社会快速发展。

2019年，县老促会主办《“不忘初心、牢记使命”，让红色基因薪火相传》的传统宣传教育活动，在各镇和部分学校作巡回演讲报告 。为庆祝建国70周年，老促会牵头联合县委宣传部等单位，在江边宣传画廊联合举办书画、摄影展览，展出作品180幅，宣传通河县改革开放以后，特别是党的十八大以来各条战线取得的辉煌成果。

（四）调查研究建言献策

县老促会把深入实际调查研究和建言献策活动作为服务大局和发挥自身优势的首要任务，每年结合县委的中心工作和上级部署的年度重点工作，安排调研议题，分配专责人员按期完成。

2004年，对革命老区行路难、吃水难、上学难、就医难和产业结构调整难，即“五难”问题，深入到老区村屯进行调查研究，向县委、县政府提出政策性建议。

2007年，赵雁行会长带队深入到大林子村和联合村进行水稻生产专题调研，提出的关于水稻种植灌溉“油改电”问题、测土施肥及水稻种子市场管理等问题提出建议，经县长批示，转化为政府行为。

2010年5月13日，会长赵雁行同志带领两名副会长深入革命老区凤山镇凤阳村和四马村调查遭受罕见暴雪、大风、低温冷害等极端天气情况，总结宣传灾区群众战胜困难，抗灾自救的先进事迹，老促会提出的受灾区水库消险、灌溉渠抢修、危房改造等建议，得到采纳。受灾老区抗灾自救的事迹在县电视台播出，市老促会主办的“信息通报”上亦刊发这一信息。

2011年至2013年，县老促会重点对“水稻抢前抓早创高产示范田建设”“全县有机水稻规范化种植”“水稻智能大棚的建设和发展”等进行调研。将革命老区清河镇五谷信合水稻农民专业合作社作为老促会联系单位。从春种到秋收，老促会跟踪服务，帮助推广水稻测土施肥和前氮后移的新技术，2013年，合作社创造水稻亩产753公斤的新纪录。

2014年，老促会到6个老区村进行调研，干部群众对2013年全县遭受洪水灾害道路损毁严重，加之冬季雪大春季加速融化严重影响春耕生产问题反映强烈。调研组把这一情况及时向县委、县政府写出书面报告，县政府筹集100万元专项资金，修复19个村屯、总长138公里的水毁村屯路和农田路。

2015年4月8日和26日，县老促会会长赵雁行亲自带队，会同农业局、农机局的主管领导到通河镇火炬村和三站乡洪胜村，对“通河县士明现代农机专业合作社”和“洪胜村宏伟现代农机专业合作社”的创办和经营情况进行调研，总结他们办好合作社的经验，经验材料在《黑龙江革命老区》期刊第五期登载。

2016年至2019年，会长赵雁行同志带领相关人员深入到祥顺、清河、乌鸦泡等老区村，对精准扶贫、推进大果榛子产业基地建设、发展林下经济种植、农民互联网电子商务等20多项议题进行专题调研。近两年内，县委书记刘长河对其中的11篇报告给予批示，老促会真正成为县委、县政府的好参谋好助手。

为了总结开展调研和建言献策的经验，老促会把每年的调研收集汇编成册，累计已汇编印刷五本《调研和建言献策汇编》专集。第五集《汇编》是综合性汇编，选登调研报告246篇、经验材料10篇、先进人物事迹和风采人生7篇。调研汇编得到县领导和社会的一致好评。

（五）产业扶贫

县老促会紧密配合县委开展的扶贫攻坚战役，把这项工作当成老促会重中之重的任务，重点在产业扶贫上下功夫。老促会连续多年把康源平欧杂交大果榛子农民专业合作社定为帮扶点，为合作社聘请林业工程师孟宪金任合作社技术顾问，帮助协调扶持资金，完善场地修路、打井、通电和晾赛场等设施建设。同时，在落实大果榛子产业在全县广泛推进做了大量的工作，多次深入祥顺镇、三站镇、永乐村、兴凤山村等全县大果榛子种植大户跟进调查，向县政府多次上报大果榛子经营成本核算与效益分析、果树种植技术和田间管理等调研和建议，得到县委、县政府领导的重视和采纳。

老促会支持县大果榛子协会的工作，组织大果榛子栽种技术培训。林业工程师孟宪金、大果榛子协会副会长郑民多次为乡镇农民讲解大果榛子栽种技术，参加培训人员达1 500余人，发放科普宣传读本120余册。截至2019年，全县大果榛子种植已发展到20万亩，通过参与大果榛子种植实现脱贫的达80多户，在产业带动扶贫上，老促会做了大量工作。

（六）情系老区

县老促会始终如一地支持老区发展建设，尽其所能为老区人民做好事、办实事，积极宣传动员各部门和社会力量支援老区建设，一切活动向老区倾斜。

1.基础设施建设

1998年至2007年，县老促会争取和协同相关部门向省市老促会和相关部门为老区村屯争取修砂石路项目12个，修白色路面22.428公里，建桥4座，修建和改造中小学校舍4个，修建卫生院项目3个。2008年，协调哈尔滨市国税局投资180万元帮祥顺镇永乐村水稻田架设输电线路18公里，为260户农民完成666.7公顷水田的电力抽水灌溉工程。2012年至2014年，老促会与县交通局共同向市老促会、市交通局为清河、祥顺、凤山3个老区镇争取320万元资金，修复通村沙石路和农田路共28条，120公里；协调资金18万元，为永乐村水壕排水清淤，解决种水稻的急需。协调投资19.4万元为西北河村修建叠水坝，保护耕地431.4公顷，投资12.7万元为和平村修建防洪堤。

2.产业项目建设

20年来，老促会积极争取国家向老区投入的建设项目，重点项目如养黄牛、养野猪项目2个；三北防护林项目1个；开发种植北药项目1个等建设项目共23项。加上基础设施建设项目总投入资金1 073万元。2011年至2012年，协调县发改局、扶贫办等部门，为老区236个贫困户购买扶贫牛286头、扶贫鹅2.9 万只。市老促会在大会上表扬通河县是为老区争取项目最多、项目实施效果最好的县。

3.民生项目

2001年至2006年，哈尔滨市委、市政府为全市老区投资民生建设资金，县老促会和县农委争取到改水项目。为老区村屯打47眼改水井，输水20个屯，引水配套12个村屯，使全县老区村屯基本用上自来水，深受老区群众的欢迎和赞扬。2007年和2014年，投资13.2万元为和平村429户农民解决了自来水入户，为915户老区群众安装有线电视。2015年 县老促会长赵雁行亲自协调县电业局领导，为解决老区村自来水提水电费过高的问题，经多次协商，同意把老区村自来水井的电费由每度电 1.03 元降至每度电 0.51 元。

4.为老区捐赠

2012年至2019年，在社会支援教育发展活动中，会长赵雁行同志为老区“挣口袋”，通过市老促会协调市教育局，为凤山、浓河、祥顺3所中学捐赠教学仪器及设施135件（套）；为凤山镇中心校、凤阳村小学赠送教学电脑43台、2台投影仪和黑板、课桌、各种球类、电子琴、洗衣机、图书等价值5万余元的教学用具和学生生活用品；为祥顺中心校、永乐村、向阳村、韩乡村捐赠五组、每组9件套的体育健身器材。

5.送医送药

县老促会连续多年通过市老促会联系沟通，开展为贫困老区送医送药活动。先后有哈市第四医院、市红十字会中心医院、哈尔滨爱尔眼科医院等多家医疗单位为偏远贫困老区村开展免费诊疗、送医送药活动。累计共为1 030多名患者免费看病、免费送药价值14 090元。向老区人民发放3 000多个医疗优待证。2008年，县老促会协调县红十字会与哈尔滨爱尔眼科医院为老区26名白内障患者、5名先天性心脏病患者、9名先天性唇腭裂患者免费医治，免费资金共计50万元。2010年至2013年，县老促会协调哈市老促会、市卫生局、县卫生局，在县医院配合下，由市穆斯林眼科医院专家4次为老区543名白内障患者进行术前检查，为136名白内障患者做免费手术。

6.科技帮扶

老促会发挥自己的优势，用科技帮扶的方式，为老区提供科技支持。2011年至2017年，会同县农业局、县农技推广中心、县畜牧总站等部门开展科技帮扶行动。为老区举办农技培训班102次、培训农民2万多人次；接受农民咨询 1.8万多人次；开办电视讲座24次；发放农业科技资料书籍9 000多份。协调县科信局向上争取 22.5 万元的资金为老区镇村建立 5 个科学书屋。县老促会同老科协，在县农技推广中心设立农科技咨询中心，在电视公布专家咨询电话，不定期下发《农科技信息》，开展农情分析，指导农民科学种田。

2016年4月，乌鸦泡镇乌鸦泡村扣了60多栋蔬菜塑料大棚发展蔬菜生产，农民们十分渴望多掌握种菜经验和技术。老促会通过市老科协邀请到东北农学院蔬菜种植专家李桂英教授到乌鸦泡镇给菜农们讲课，现场查看蔬菜塑料大棚建设和菜苗长势，现场提出许多改进的建议，农民们零距离与省城专家交流，深受感动。

第七章　资源优势　前景展望

第一节　红色文化资源

（一）近代革命遗址

革命遗址是抗日战争初期活动在通河县境内的抗日武装在北部山区建立的营地，密营覆盖面达70%左右，使通河县成为抗日战争时期重要游击根据地。近代革命遗址有13处。被列为省级文物保护单位3处：槟榔沟密营遗址、鹰窝密营遗址、通河革命烈士纪念碑；市级文物保护单位1处；县级文物保护单位和其他重要遗址有9处。

1.槟榔沟抗日联军密营遗址

密营位于县城东北80余公里的小古洞沟里，清河镇北偏东25公里，响水河北岸，占地1.3万平方米，总建筑面积约2 792 平方米。大本营为赵尚志第三军司令部、警卫连、少年连、执法处等驻地。冯仲云、金策、赵尚志、李兆麟、李延禄、李福林、景永安等抗联将士曾于此处领导抗日斗争。槟榔沟抗联密营遗址经省市县对该遗址进行联合考查，1986年12月17日，经黑龙江省人民政府公布为省级文物保护单位。

2.鹰窝抗联密营遗址

密营位于通河县清河镇小古洞黑瞎子沟，清河林业局双河林场内第8、10作业区，第1、2小班分界标牌下（西）30米。密营遗址由4个营区组成，总建筑面积为1 490平方米，始建于1936年，是中共北满临时省委驻地。1938年4月至1939年秋，中共北满临时省委曾驻扎在鹰窝营地，北满临时省委进驻鹰窝密营后，临时省委第七次常委扩大会，第八、九次常委会和九届二次执委会在鹰窝营地召开，冯仲云、张兰生、金策等省委领导在这里领导过抗日斗争，使这里成为当时全省抗日斗争的领导中心。1999年1月10日，经黑龙江省人民政府公布为省级文物保护单位。由当年在此战斗过的抗联战士，后任黑龙江省省长陈雷于碑上题词“鹰窝北满省委遗址”。

3.白石抗联密营遗址

密营位于凤山镇西北45公里，北距白石砬子南山15公里，在兴隆林业局通河作业区白石林场26林班界内。白石密营修建于1936年春，由桦木山防御阵地、冬青岗主营、红松岭密营组成，建有兵营、被服厂、军需仓库和军事设施，总建筑面积5 408平方米，驻有大量的部队，是带有军事根据地性质的北满抗联最大的军需补给基地，为保障北满抗联部队的军需物资，开辟北满抗日游击区和保卫通河抗日游击根据地起到了十分重要的作用。白石密营遗址是通河县第三次全国文物普查过程中的重大发现。

4.铧子山抗联密营遗址

密营位于通河县城西北22公里的凤山之南，岔林河以西，富拉浑河东岸（现铧子山林场内）。遗址创建于1936年，占地1万余平方米，该密营是抗联第三军通河卫备旅第三团骑兵营驻地，是三军重要军需给养中转站，为创建通河抗日游击根据地做出了重要贡献。铧子山抗联密营遗址于2005年5月25日经哈尔滨市人民政府批准为市级文物保护单位。

5.青峰岭抗联密营遗址

密营位于通河县西北80公里，凤山镇（抗战时为凤山县）西35公里，与木兰县东兴镇（抗战时为东兴县）接壤的青峰岭东侧，为兴隆林业局青峰林场作业区。由东山密营和石门密营两部分组成。总建筑面积1 532平方米，均为木克楞结构。1936年夏，李兆麟将军奉命带六师到青峰岭，建立部队休整训练基地，开辟了东兴、木兰、巴彦新的游击区，成为守护通河抗日游击根据地的重要军事重地。青峰岭抗联密营遗址于1999年1月10日经通河县人民政府公布为县级文物保护单位。

6.张瑞麟抗联小分队活动纪念地

1942年冬，张瑞麟小分队进入凤山，在凤凰山上建立了密营，开展抗日活动。为铭记抗联小分队在极端艰苦的敌占区和通河人民同仇敌忾、坚持抗战的丰功伟绩，黑龙江省抗日战争史研究会，于2007年在小分队活动地凤山镇万宝山建立了“张瑞麟小分队抗日活动地纪念碑”。

（二）烈士陵园和纪念碑

1.通河革命烈士陵园

坐落在通河县城南江畔公园中心位置。1963年6月，朝鲜最高人民委员会委员长崔庸健在周总理陪同下访问黑龙江省时，建议在通河县建立“革命烈士纪念碑”。1964年，经国务院民政部批准在通河县建立“革命烈士纪念碑”，因“文化大革命”停工，1984年复建，1985年7月竣工。纪念碑正面镌刻着原黑龙江省省长陈雷题写的“革命烈士纪念碑”七个大字，背面镌刻着碑文。碑文为：“在抗日战争和解放战争中，许多共产党员、抗联将士、汉族、朝鲜族等各族人民优秀儿女，为了民族的解放，祖国的统一，在通河的土地上，抛头颅、洒鲜血、前仆后继、英勇斗争，献出了宝贵生命。他们的英雄业绩，有如日月经天、江河行地，永远铭刻在人民心中。通河人民决心继承革命烈士的遗志，发扬革命先驱的战斗精神，为把通河建设得更加美丽、富饶而奋斗！革命烈士永垂不朽！”

纪念碑后面是碑林，有省立三座大理石纪念碑：其中有中共通河特支书记李秋岳；省委组织部长、抗联三军哈东司令李福林；抗联第九军政治部主任魏长魁。县立苏联红军烈士巴格洛夫纪念碑一座。1988年，黑龙江省民政厅、财政厅发文公布通河县革命烈士纪念碑为省级文物保护单位。

2.锌子山国家地质森林公园的抗联塑像群

抗联塑像群位于通河县城西北部，距县城22公里。锌子山景区面积9 257公顷。2003年，在锌子山抗联遗址辟建锌子山国家地质森林公园，并在锌子山抗联联络点“四棵杨”处铸塑了抗联战士战斗生活的塑像群，再现当年抗联战士战斗生活情景，缅怀先烈，教育后人。2011年，锌子山国家地质森林公园已建成AAA景区，成为通河县红色旅游和爱国主义教育基地。在景区内建有革命烈士陵园和复建断迹多年的佛教圣址——圆觉寺。

3.李福林牺牲地纪念碑

纪念碑位于清河镇西北6公里。李福林，又名崔东范（1907—1937），朝鲜咸境北道稳城郡人，是抗联三军创始人之一，后为第三军一师政治部主任兼哈东游击司令。1936年9月，李福林被选为中共北满临时省委执委会委员，省委组织部部长，年底兼任抗联三、六、九军依东办事处主任。1937年4月，李福林率少年连去鹰窝密营开会，途中于清河镇研究活动计划时被告密，遭到千余日伪军围攻，不幸中弹牺牲，年仅30岁。当地政府与群众在他牺牲地立碑，碑高2米，宽1.4米，厚0.17米，以示纪念。

4.抗洪纪念碑

纪念碑位于政通大街南端，江畔公园中心位置，1999年5月动工修建，同年10月竣工。抗洪纪念碑总占地面积12.734 6亩，建筑面积198平方米，为纪念战胜1998年特大洪水，碑主体高度设计为19 .98米。纪念碑由两部分组成，碑座和碑身。碑座长12米，宽12米，呈正方形。碑座正面镌刻碑文。背面是镌刻通河人民积极投入抗洪的浮雕。碑身是用“通河”字汉语拼音字头“TH”的造型，上部标有“抗洪纪念碑一九九八”字样。

第二节　自然资源

（一）土地资源

通河县土地资源丰富，农用地占比例高。全县土地总面积为56.72万公顷。其中农用地面积为52.6 万公顷，占全县土地总面积的92.96%，建设用地面积为0.90万公顷，占全县土地总面积的1.59%。县属土地总面积为19.1万公顷。其中农用地面积为15.87万公顷，占全县土地总面积的83.2%，建设用地面积为0.72万公顷，占全县土地总面积的1.59%。

（二）矿产资源

通河县位于伊春至延寿多金属矿带中部，地质构造复杂，成矿条件优越，矿产资源十分丰富。现已探明超贫磁铁矿储量1.7亿吨，大理岩9 200万吨、高品位石英63.63万吨。辖区内发现高产工业油流，预测储存量超过5亿吨。天然气储量51亿立方米。其中，花岗岩石材品位和储量均居全省之冠。特别是被誉为“透明黄金”的水晶矿藏储量丰富，已发现的石英矿床，矿点有十几处，仅浓河镇自然村北山石英矿蕴藏量就达14.2万吨，矿石含硅纯度达99.996%以上，为国内罕见。二氧化硅是光伏、电子产业所需的高品位原料。通河县的石英品位高，杂质少，可熔性好。矿产资源精深加工潜力很大，其中已经探明的硅石仅加工成为硅精粉就可增值180个亿。

（三）水与湿地资源

全县水资源总量为20.05亿立方米，人均占有水资源量为8 500立方米，水资源开发利用率21.55%。通河县有大小河流27条，属于松花江水系。全县河流总长2 270公里，流域面积5 676平方公里，河网密度为0.40公里/平方公里。境内有大小泡沼275个。通河县建成万亩灌区13处。全县共有湿地总面积13.71千公顷，约占县域面积的2.41%。其中河流湿地11.32千公顷，湖泊湿地1.35千公顷，沼泽湿地545公顷，人工湿地487公顷。

（四）林业资源

通河县是黑龙江省重要的林业基地。全境森林总面积414 860.2公顷，森林总蓄积量349万立方米，森林覆盖率73.5%，年生长量 13.4万立方米 。森林植被有少量针叶红松、云杉、冷杉等，有黄菠萝、水曲柳、胡桃楸三大珍贵树木，主要以柞树、杨树、桦树、紫椴等阔叶天然林为主。

（五）动植物资源

通河县山林中野生动物资源有：野猪、黑熊、梅花鹿、鸥类、雁类等珍稀禽类20余种。江河、池泡中鱼类遍布，鲤、鲫、鲢、草根、白鱼是主要品种。植物有人参、刺五加、五味子、满山红等药材123种，全县野生药材蕴藏量为7 000万公斤。山野菜主要品种有广东菜、牛毛广、蕨菜等40余种，为纯天然绿色食品，年采集量达万吨。山果有山核桃、松子、榛子、山里红等10余种。野生食用菌有猴头蘑、榛蘑、元蘑、黑木耳等。野蜜源也极为丰富，面积约3.3万公顷，春、夏、秋三季都可养蜂。

（六）风力资源

通河县地处亚欧大陆东部季风区，根据通河县气象台30年10米高度测风数据整理，年平均风速达4.0米/秒以上，年平均风功率密度在100 瓦/平方米以上，年有效风速时数4 728小时，（3~25米/秒），是黑龙江省风速最大的区域，在哈肇公路东西115公里、南北2公里范围内，是建设风力电场的理想场地。

（七）地热资源

2014年1月，黑龙江省地质开发局地质勘查所经对通河县乌鸦泡镇地热资源预可行性勘察，通热一井顺利通过了省国土资源厅组织的单孔验收。该地热井在乌鸦泡镇五四村，地热资源在地下1 800米以下，井口水温达43摄氏度，单井水容量每小时100吨。经济价值巨大，一旦开发利用，前景看好。

（八）旅游资源

通河县生态旅游资源丰富，素有大江河、大森林、大草原、大湿地之称。自然旅游资源原始奇特，以山、水、林、石为主，覆盖了地文景观、水域风光、生物景观、天象与气候景观等12个基本类型；人文旅游资源文化价值较高，覆盖了抗联遗址遗迹、建筑设施、旅游商品。通河县以山水风光、森林生态、绿色自然为主题进行了旅游资源开发工作。已开发的旅游景点有铧子山国家地质森林公园、二龙潭湿地景区、岔林河漂流、乌龙国际狩猎场、大通河水库、清河镇大古洞的鹰窝抗联密营（即北满省委驻地、抗联三军司令部驻地）、通河革命烈士陵园（革命传统教育基地），国家文明县城通河镇小城镇开发建设等观光景点，其中乌龙国际狩猎场为全国八大狩猎场和十大森林公园之一，铧子山国家地质森林公园为国家AAAA级景区，二龙潭已被评为国家湿地公园。通河已跻身全省七条精品旅游热线。

第三节　前景展望

2016年12月9日，中国共产党通河县第十五次代表大会的报告和12月27日通河县第十七届一次人大会议上的政府工作报告，对未来五年发展前景、目标都作具体阐述。未来五年，通河县经济社会发展的总体要求是：深入贯彻落实党的十八届四中、五中、六中全会精神，以习近平总书记系列重要讲话为指针，以国家级循环经济示范县建设为统领，持力转型升级，聚力绿色发展，坚持生态立县，深入实施绿色经济“四大发展战略”，即努力把通河建设成为“循环经济示范县、绿色经济先导县、休闲旅游闻名县、健康养老优选县”，全面从严治党，深化党的建设，为全面建成小康社会而努力奋斗。

（一）实施生态立县新战略，开启绿色发展新征程

未来五年经济社会发展的主要预期目标是：在2016年基础上力争实现八项翻番——县域生产总值翻一番；全社会固定资产投资翻一番；地方公共财政预算收入翻一番；城镇居民人均可支配收入翻一番；农村居民人均可支配收入翻一番；招商引资项目数量翻一番；旅游养老产业收入翻三番；林下经济产值翻三番。做大生态工业，打造绿色发展新引擎。以国家循环经济示范县建设为统领，推动工业经济转型升级，构筑生态工业集聚地。工业开发区建设将成为转型升级的带动区、生态工业的示范区、城市建设的新景区。加速推进松花江航电枢纽、通用机场等重大项目建设。五年内力争引进国际国内500强企业落户通河，全县亿元以上项目不少于20个，10亿元以上项目不少于5个，引资100亿元，建设产学研基地10个。提升开发区创业创新孵化功能，打造农副产品

（食品）加工产业区、新型材料产业区、北药加工产业区，辟建循环经济产业园、创业创新产业园；风电、石油、太阳能光伏等新兴能源产业将有大发展。规模以上工业企业将发展到65户。

绿色农业实施“双百”工程——五万亩以上水稻联合社规模突破百万亩、绿色有机水稻面积突破百万亩。叫响“通河大米”品牌，逐步打造全省最大的绿色、有机水稻生产示范县。林下经济实施“双百”工程——林下经济规模突破百万亩、产值突破百亿元，通河将成为全国知名的林下经济示范基地、中国大果榛子第一县。构筑林农一体化循环经济产业链条，逐步打造全国知名的林下经济示范县。

生态旅游发展，将通河打造成兴安岭下森林旅游特色名区、松花江畔休闲旅游丽水名城，打造全城全域全景式旅游格局。深度开发“城区游江赏景、山林有氧健身、湿地观光品鱼、山溪漂流戏水、寒地温泉疗养、冰雪捕鱼狩猎、农家度假采摘”等旅游项目，打响“时尚哈尔滨、嗨动在通河”旅游品牌，把通河旅游特色、旅游品牌全景式宣传展示出去。

加速健康养老产业发展。通河地区森林覆盖率高、负氧离子含量高，河流密布水质优良、盛产绿色有机农产品和北药等生态优势，这些有利条件，创新推进健康养老产业发展，将通河打造成北方知名的“健康养老胜地”。开发温泉疗养、心灵净修、美容康体养老产品，以锌子山参王酒店项目为核心，启动综合型度假养生基地建设；叫响“养生福地、长寿之乡”品牌。

结合地缘优势和发展定位，倾力打造工业强镇、旅游名镇、产业大镇等特色城镇群体。结合旅游产业的拉动，加强美丽新农村建设，形成“一村一品一景”，把通河建设成为宜居、宜游、宜养、宜业的“哈尔滨后花园”。

坚持以产业扶贫为主导，全面推进代耕、代养和资金变股金等脱贫路径，贫困群体实现精准分类脱贫；通过社会扶贫、行业扶贫、专业扶贫，完善政策保障兜底等机制，实行贫困人口动态管理，不断调整帮扶思路、帮扶政策、帮扶措施，确保2020年全部贫困人口“脱贫不返贫、脱贫又致富”。

（二）“十三五”发展目标

到2020年，地区生产总值年均增长7%以上；全社会固定资产投资年均递增10%左右；规模以上工业增加值年均递增8%左右；全口径财政收入年均递增8%左右。一、二、三产业年均分别增长6.3%、11.2%、7.6%，城镇居民人均可支配收入达到27 680元，年均递增8%左右，农民人均纯收入达到18 660元，年均递增8%左右。城镇生活垃圾无害化处理率达到97%以上，城镇生活污水集中处理率达到90%以上，工业废水排放达标率90%以上，农村人畜粪便无害化处理率达到93%。到“十三五”末期，将通河建成以绿色生态和文旅相关产业为特色的农业特色鲜明、生态经济繁荣、生态环境良好、民生有所保障、人口城镇化步伐加快、创新创业气氛浓厚的黑龙江省县域经济转型和创新创业实验区，黑龙江省农林绿色食品产业特色化发展先行区，黑龙江省多功能融合新型旅游目的地，黑龙江国家循环经济示范城市，进而成为环境优良、社会安定、经济有活力、与自然和谐统一的现代化绿色城市。

附　录

附录一　大事记

1906年

3月4日，清政府批准升用知县正任山河屯经历张熙试署大通县知县。

9月1日，知县张熙租用崇古尔库早年歇业烧锅启用关防任事。

10月，大通县划分为五社一局，横跨松花江两岸，总面积31 963平方千米。

1908年

3月25日，吉、江两省勘划疆界，西部以二道河子为大通、木兰两县为界，东部以小古洞河东七里坑为大通县、依兰府分界线。

4月5日，俄国人与清政府签订《黑龙江铁路公司伐木合同》，将岔林河段上溯长百里，两岸宽20里，划归俄国人伐木。

7月，张熙编纂的《调查大通县全境总册》，书写成册。

1909年

3月1日，将大通县江南十旗公田局设治，名为方正县，由大通县析置。

4月1日，黑龙江吉林两省划江而治，江北划为江省，大通县改隶黑龙江省管辖。

1912年

7月31日，黑龙江省铁路交涉总局总办李鸿漠与中东铁路公司总办霍尔瓦特，在哈尔滨签订《增订中东铁路公司在江省指明地段砍备应用木植之副合同》，合同规定：……将原合同第一条岔林河林木地段退换江省，另以松花江北岸岔林河口起往北150里许之八道河林木地段换给公司。

1913年

本年，县知事高登甲纂修的《大通县志》抄写成书。

1914年

2月，建县行政公署草正房42间（今通河一中位置），县衙由崇古尔库迁至岔林河口，今通河镇。

5月15日，北京政府内务部通令，大通县改为通河县，因与甘肃省大通县重名。

1916年

5月29日，400余名乡民砸开县城官盐局，抢走食盐100余袋。

5月30日，浓河镇官盐分卡被千余名乡民抢走食盐300余袋，经过这两次乡民的行动，迫使政府将官秤改为市秤，降低盐价。

1917年

5月31日，商人王子安、王瑞廷创办同合茶园邀艺人演唱戏曲。

1918年

本年，“匪首”滚地雷率队袭击浓浓河警察派出所。

1919年

7月，县城设立通河县电报局、电话局。设立黑龙江官银号通河县分号。

10月，县境内出现“匪首”“君山”“青林”“傻子”百余人队伍，出没在山区活动。

1920年

11月，全县发起支援豫、鲁等八省水灾救济活动，茶园义务演戏，捐大洋14 418吊。

1921年

8月29日，“天龙”“黑龙”等绿林队伍400余马、步兵攻城，劫去官银号和商款200余万吊，绑走商号掌柜5人；砸开监狱释放犯人，将沿江商铺、民房烧毁200余间。

1922年

本年，朝鲜族金东山、柳东悦在大古洞开办阜通稻田公司，招募朝鲜族农民种水稻。

1923年

12月3日，凤山镇驻军29师辎重一营三连40名士兵哗变。

1924年

本年，农作物歉收，匪患频繁，乡民十室九空。县公署将300石义仓积谷放给灾民。

1925年

9月，通原森林有限公司40多名工人罢工，要求增加工资，遭警察镇压。

1926年

本年，永兴隆商号经理吴镇建起第一座商业楼——小白楼营业。

1927年

5月，某炮兵团长王南屏率队来县驻防，收降散匪500多名，编为临时山林剿匪队。

1928年

10月，中共党员金治刚（崔庸健，朝鲜族），到清河大古洞、西北河一带以小学教员身份进行革命活动。

1929年

1月1日，凤山镇改为凤山设治局，委任于文英为设治员，辖地100里。

1月12日，黑龙江省实业厅批准通河县电灯有限公司开始发电。

本年，通河县政府编修的《通河县乡土志》脱稿。

1930年

7月，中共地下党组织领导朝鲜族农民进行减租减息斗争，迫使阜通稻田公司改变榜青制度。

9月，在清河大古洞村建立中国共产党通河县特别支部（简称特支），发展党员30名，隶属汤原中心县委。

9月20日，中共通河特支发动大古洞等附近300多朝鲜族农民，进县城斗争二地主金东山，砸毁金东山开的松江医院，遭军警镇压，特支委员文昌斌等人被捕。

1931年

秋季，由浓河商务脚行孙与俊（字清立）发起大刀会。

1932年

4月30日，日军占领通河，屠杀通河人民。

5月2—7日，马占山部吴团（老五团）和黑龙江地方步兵旅焦景斌旅，及地方义勇军、大刀会，联合与日军激战七昼夜，打得日军三进三出。团长吴凌汉、副团长张兴华等多人伤亡。5日，日军退到战舰上向沿江街开炮，焚毁千余间民房，300多居民罹难。

5月7日，吴团和焦旅攻进城里，砸开监狱，地下党特支委员全东元、吴日成等被解救。

5月15日，中共汤原中心县委特派员张玄杰（张根浩）来通河整顿党的组织，通河县特支改组为中共通河区委员会。下设1个党支部，5个党小组。

6月，浓河镇孙清立组织大刀会抗日，处死了一心为日军效忠的伪通河县公安局长田绍武。之后于9月，大刀会孙清立发布《独立宣言》。

10月，黑龙江抗日义勇军才鸿猷等两次攻占通河县城。

1933年

6月，中共通河区委员会书记全东元被捕就义，区委由康龙奎负责。

7月25日，中共满洲省委给汤原、通河党员发出指示信，要求创建党领导下的人民革命军，开展抗日游击战，夺取党在下江游击运动中的领导权。

8月，党支部书记崔日在日伪搜捕屠杀中牺牲，党的组织遭到严重破坏。

1934年

3月1日，伪满实行帝制，溥仪即皇帝位，改年号“大同”为“康德”。县城举行庆祝大会。

6月，祥顺自卫团长殷成祥率全家及部下20多人起义，报号“均平”，进入乌拉浑林区举旗抗日。

9月3日，伪满政府民政部公布《暂行保甲法施行规则》。

1935年

3月1日，抗日义勇军“密林”“要中国”“均平”等联合攻打凤山县城。

7月20日，义勇军“要中国”“三胜”“双龙”联合袭击富乡警察分驻所。

本月，县商会会长孙佐廷等7人，被日本警备队以反满抗日罪杀害。

11月初，东北抗日联军三军赵尚志、四军李延禄以及李华堂、谢文东等队伍进入通河开辟抗日游击根据地。

本月，赵尚志、李延禄收编十几支义勇军，组成抗联地方警备旅。

1936年

2月，中共延方特支书记李秋岳（女，朝鲜族）到通河西北河一带，建立反日会，配合赵尚志等抗日军进行抗日斗争。

5月23日，东北人民革命军第三军三团，在洼子张与日军激战，歼灭日军30余人，抗联战士36人牺牲。

8月1日，东北人民革命军第三军军长赵尚志签署通告，第三军正式改编为东北抗日联军第三军。下属6个师，到1937年，发展到10个师。

8月27日，通河特支书记李秋岳在祥顺北六方被捕，9月3日杀害于通河镇西门外。

1937年

4月，抗联三军一师政治部主任李福林，因汉奸告密，在与敌人作战中，牺牲于清河镇二站北山。

9月，日军“讨伐”搜山，抗联被服厂党支部书记张义淑被捕，在押往通河途中，投江就义。

1938年

5月，中共北满省委在通河小古洞密营召开第七次常委扩大会议，决定留部分部队坚持斗争，主力部队向嫩江平原远征。

6月，在小古洞又召开北满临时省委第八次常委会，讨论目前形势和决定开辟新的游击区。

本年，日本关东军实行“治安肃正”计划，即建“集团部落”，归村并屯。

1939年

1月28，日，中共北满临时省委在小古洞密营召开第九次常委会议，讨论通过了《关于目前东北革命运动和我党的任务》的决议。

4月12日，中共北满临时省委在小古洞密营召开省委第二次执委会议，决定将中共北满临时省委改为中共北满省委。撤销北满抗联总司令部，成立东北抗日联军第三路军总指挥部。

6月1日，撤销凤山县，划归通河县。

1940年

9月12日，全县实行城镇居民粮食配给制和农村粮谷出荷制。

1941年

2月27日，伪县公署公布《治安维持法》，严禁群众议论、讲演、集会与张贴图画、散发传单。并由伪县公署、协和会、兴农合作社、开拓团本部组成治安委员会。

1942年

本年，金策和抗联十二支队张瑞麟，在凤山大东北岔及铧子山一带进行抗日活动。

1943年

本年，伪县公署公布《保安矫正法》《思想矫正法》。

1944年

8月，县特务机关配合三江省、滨江省特务机关在木兰、通河山区调查抗联活动；三江省特务机关派日特大久保来通河进行特务活动。

1945年

2月14日，日军全面实行思想矫正大逮捕，两次在北部山区（凤山、浓河一带）抓捕无辜群众287人。

4月6日零时，通河县临时矫正院监狱看守班长王金才、孙禄等15名警察和狱中难友举行暴动。

8月15日，日本投降。

8月20日，苏军接收通河。

11月中旬，通河由于保安大队长高铭三叛变，三江人民自治军两次攻打通河受挫，营长吴云浦等多名官兵牺牲。

1946年

2月6日，八路军一二〇师三五九旅和松花江军区总队解放通河县城。中共中央北满分局、北满军区机关从宾县移驻通河。

2月7日，成立通河县民主政府和通河县临时参议会。

3月13日，召开有300人参加的座谈会，北满分局书记陈云做形势任务报告，即《在通河干部会议上的报告》。

4月29日，三站区中队叛变，农会干部金万发、孙荣等牺牲。

5月17日，祥顺区中队叛变，清河区长王玉玺和农会主任郑金发被害牺牲。

6月7日，浓河区中队叛变，富乡区中队叛变未遂。

10月，按照党中央“五四指示”，（关于土地问题）在全县发动群众，实行平分土地运动。

本年，青年踊跃参军参战，三次参军共计1 299人。

1947年

5月，松江省军政干部学校在通河成立。

本月，大通河水库动工修建。

本年，通河县委机关报《通河小报》创刊。

1948年

3月，根据土地改革政策进行纠偏工作，全县从20%的打击面缩小到8.5%。

9月，进行知识分子登记，政府分别给予安排工作。

1949年

7月4日，依照东北行政委员会指令，将全县各级政府改称人民政府。

10月1日，中华人民共和国成立，全县人民在人民政府门前广场召开万人庆祝大会。

1950年

11月，全县有575名青年报名参加中国人民志愿军，赴朝鲜参战。

12月，县人民政府秘书孙振威、城区区长曹乃夫率领370人组成的中国人民抗美援朝担架队通河县大队去朝鲜战地服务。

1951年

3月，全县开展反贪污、反浪费、反官僚主义和反行贿、反偷税漏税、反盗窃国家资材、反偷工减料、反盗窃国家经济情报的运动。

1952年

1月，赴朝鲜抗美援朝担架队荣归，召开庆功大会。

2月，开展镇压反革命运动。

1953年

5月14日，伪保安大队长高铭三在武汉落网。

1954年

4月30日，通河县人民政府在黄大树林子（今通河第二粮库）举行万人大会，公审处决反革命罪犯高铭三、陈守本、陈醒愚。

本年夏，黑龙江省委第一书记欧阳钦，第二书记韩光到通河视察。期间接见了1938年担任地下党依兰中心县委书记、通河发电厂厂长刘振。

1955年

7月，在富乡区建立第一个“新方向”高级农业生产合作社。

1956年

7月，通河县遭受罕见的特大洪水灾害，组织基干民兵1 000人，赴松花江一线抢险。

本年，全县实现私人工商业社会主义改造，有117户私人工商业者实行公私合营。

1957年

7月，在县城东门外修建新发电厂，装机容量1 500千瓦。

1958年

本年，通河县荣获国务院颁发、周恩来总理署名的“农业生产先进县”奖状。

1959年

10月，智擒“6·25”案犯的镇郊乡城东村基干民兵张书勤（转业军人）出席全国群英会，荣获毛主席亲手授予的“五五”式步枪一支。

1960年

1月12日，通河县培训工农教育师资等三个经验编入《全国工农教育经验汇编》。

本年，严重自然灾害，吃粮不足，用瓜菜代替粮食。

1961年

1月16日，县成立修筑森林铁路分指挥部。

1962年

本年，中央水利部副部长、党组书记冯仲云，在黑龙江省水利厅副厅长孙英陪同下，专程来通河视察抗日革命老区。

1963年

5月，黑龙江省委决定在通河县内建立双阳、前进、龙江三个战备工厂。

1964年

本年，国务院民政部批准建立黑龙江省通河革命烈士纪念碑。

1965年

8月25日，由省委、哈尔滨市委、宾县和沈阳军区后勤部等组成1 400多人社会主义教育工作团来通河县开展社会主义教育运动。

10月，中共黑龙江省委第二批“四清”工作团进驻通河。

1966年

5月1日，东起通河县乌鸦泡镇，西至巴彦县兴隆镇，途径木兰县东兴镇，全长188公里的森林铁路正式通车。该窄轨森林铁路长度为世界之最。

6月1日，北京大学原大字报中中国人民广播电台播出。“文化大革命”开始。

6月5日，召开通河县第六届人民代表大会第一次会议和首届贫下中农代表大会，同时成立通河县贫下中农协会。

7月，社会主义教育工作团撤离本县。

1967年

4月，全县召开“活学活用毛主席著作讲用会”，并组成“讲用团”在城乡各地巡回讲用。

1968年

10月，在太平岗农场建立“五七”干校。

1969年

9月，建立中共通河县革命委员会核心小组。

9月，在县城东4公里处建火葬场竣工。

1970年

9月17—21日，恢复中共通河县委。中国共产党通河县第四次代表大会在通河镇召开。

本月，相继恢复公社党委。县直设立了机关、工业、财贸、农业四大党委。

1971年

2月22日，通河县人民医院医师刘兴武参加支援坦桑尼亚医疗队。

1972年

5月7日下午，水泵厂发生火灾，损失17.5万余元。

1973年

6月，县委设立工作机构与县革委正式分设，中共通河县委迁回原址。

12月，全县“一打三反”（打击现行反革命，反贪污盗窃、反投机倒把，反官僚主义）宣布结束。

1974年

8月，学习“小靳庄经验”，在全县开展所谓大唱革命歌曲，大唱革命样板戏和赛诗活动。

1975年

11月，中共通河县委召开四级干部会议，传达全国“农业学大寨”会议精神。

1976年

1月8日，全县城乡沉痛悼念周恩来总理逝世。

9月18日，在通河一中广场举行沉痛悼念毛泽东主席逝世大会。

9月30日，省委书记杨易辰来通河县视察工作。

10月22日，县城举行万人大会，庆祝粉碎“四人帮”伟大胜利。

1977年

10月25日，通河县革命委员会向省革委报请在东部涝区建立创业公社的报告。

1978年

9月12日，《光明日报》以《科学的东风吹到松花江》为标题，报道清河公社二道河子大队全国著名的农民育种家元钟龙百亩水稻试验田。

1979年

6月8日，《黑龙江日报》第三版以整版篇幅报道了通河县农业技术员张德化的《综合防治霜霉病，大棚黄瓜喜丰收》的长篇通讯。

7月6日16时10分，突降一场特大冰雹。浓河、富乡、岔林、祥顺四个公社7.12万亩多的庄稼受灾，2万多亩绝产。

7月21日，成立通河县技工学校。

8月8日，恢复县委统战部。

10月16日，在东部涝区设立创业公社，将祥顺公社南部地区的四个生产队划归创业公社。

1980年

6月3日，县委处理本县1979年高考舞弊事件。有关的13人受到党纪、政纪处分，27名考生被全部退回。

10月24日，连续降雪80多个小时，雪深达70厘米，有11万亩庄稼捂地。交通中断，冻死5人，县委、县政府派出干部组织抗灾抢粮。

1981年

6月13日，县委召开落实干部政策大会，为125名农村基层干部落实了政策。

1982年

4月26日，省委第一书记杨易辰，书记陈俊生和地委副书记王钦宏来通河县视察。

1983年

5月19日，松花江地区文物普查队在通河发现金代古城址。

本年初，根据中央和省的精神，通河全面推行家庭联产承包责任制。

1984年

1月9日，省委书记李力安到通河县视察。

1985年

7月3日，通河县革命烈士陵园工程竣工。

1986年

5月2日，省民委主任、原东北抗联六军战士李敏，陪同朝鲜民主主义人民共和国原国防部副部长金大宏的夫人、原东北抗联三军战士李桂香来通河瞻仰革命烈士纪念碑，并献花圈。

7月，原中科院高能物理研究所常务副所长、中共理论物理研究所党委书记、通河县委第三任书记孟戈飞，省外贸局长、通河县第五任县委书记黄克等回访通河。

1987年

本年，通河籍抗联老战士李东光、兰会田、李云龙、陈奎等，在县有关部门负责人的陪同下，踏看通河抗联遗址。

本年，富乡林场职工王某四人在凤山镇二甲沟采集一苗重505克特大人参，号称世界之最的“人参王”。

1988年

10月，通河县制药厂建成投产。

本年，通河县农机修造厂5-130型打稻机荣获“松花江杯”优质产品。水泵厂生产的力矩电机被评为“松花江杯”优质名牌奖。

1989年

9月19日，通河县被省委、省政府命名为农业生产先进县，并获得一台802型链轨拖拉机奖励。同时，还获得全省《黑龙杯》竞赛一等奖。

12月，通河县在全国物价工作会议上介绍实施“383工程”的经验。

1990年

4月1日，县委发出《向镇郊乡城乡村党支部书记李嘉泰学习的决定》。

9日，省委书记孙维本到通河县视察。期间孙维本写下“科学求实，开拓进取——赞通河精神”的题词。

本年，通河县被评为全省农业生产先进县。通河县被省委、省政府命名为“文明村建设先进县”和“文明城镇建设先进县”。

1991年

4月17日，松花江地区农机工作现场会议在通河召开。县农机修造厂研制的IG-125JS型旋耕机被列入省星火计划。

7月20日，通河县被省人民政府评为“造林绿化先进县”。

9月6日，省政府授予通河县“公路先进县”奖牌。

1992年

7月18日，高108米的通河广播电视微波接收塔竣工投入使用。

本年，82岁高龄的水利部原副部长、中共延方通中心县委书记刘向三来通河故地重游，特意驱车前往祥顺乡瞻仰战友魏一与革命烈士纪念塔。

1993年

4月，通河至依兰县达连河的11万伏高压输电线路架通，实现地方发电与国家电网接通，结束通河电力供应紧缺的历史。

10月12日，县委、县政府召开全县工业企业产权制度改革大会，决定全县工业企业实施以股份合作制为主要形式的产权制度改革。

1994年

1月，县委、县政府确定以“引进优良品种小尾寒羊”为重点的畜牧业发展战略。

3月，通河县对荒山、荒坡实行承包，兴办家庭林场。

1995年

4月16日，《黑龙江日报》报道，通河县荣获全国林业先进县称号。

5月7日，省委书记岳岐峰到通河视察荒山造林，春耕生产工作。

7月14日，县委书记王克伦参加全省乡镇企业齐齐哈尔现场推进会议，会上通河县被评为全省“兴乡企、奔小康”先进县。

7月15日，抗联老战士、原省长陈雷为抗联老区通河县的“大通河、槟榔沟、鹰窝”等抗联遗址题词。

本年，县保健院被联合国儿童基金会、世界卫生组织、国家卫生部授予“爱婴医院”称号。

1996年

2月14日，国务委员陈俊生致信给通河，并作“发展水稻要在水字上作文章”的批示。

3月，全国绿化委员会命名通河县为造林绿化百佳县；省人民政府命名通河县为全省绿化竞赛先进县。

8月18日，大庆石油管理局45135钻井队，探明依山乡一带地下储藏着大量可供开采的天然气，储量约51亿立方米。

8月20日，通河县抗联老战士李云龙被俄罗斯联邦政府授“反法西斯卫国战争胜利50周年纪念奖章”和“朱可夫奖章”。

11月，通河县被国家农业部定为全国水稻生产全程机械化示范县。

12月，通河县老区建设促进会编写的《锛子山抗日烽火》出版发行。

1997年

8月15日，由邵逸夫先生捐资50万元，县自筹30万元新建的通河县第一小学2 000平方米的“逸夫教学楼”竣工剪彩。

1998年

8月26日，牡丹江市200名预备役官兵来通河县支援抗洪抢险。

8月，法国世界卫生组织代表到通河县考察灾情。

1999年

9月10日，由哈尔滨邮政局捐款10万元在祥顺乡永乐村兴建的“哈邮希望小学”校舍竣工。

10月，在江边广场中心位置修建的1998抗洪纪念碑竣工。

10日，由豪盛有限集团公司捐助25万元、天津大港油田捐助5万元，在祥顺乡新乡村兴建的豪盛大港希望小学竣工。

2000年

10月4日，铧子山节水灌溉现代化示范园区被国家水利部评为节水灌溉示范园区。

10月25日，县政协举行抗美援朝、赴朝作战50周年座谈会暨《光荣的使命》《铧子山抗日烽火》两册历史书籍发行仪式。

12月，通河县被评为省级“上冰雪”体育活动先进县。

2001年

6月23日，曾在抗联将军李兆麟身边当过警卫员，76岁的李桂林老人在省、市、县和兴隆林业局的老领导陪同下到青峰密营地踏察。

8月10日，全省小城镇规划现场会在清河镇召开。副省长马淑洁出席会议。

2002年

5月13日，水稻机械化插秧首次大范围在全县水田应用。

2003年

7月24日，省老促会副会长、哈市老促会会长王人生到通河检查工作。

8月27日，省老促会常务副会长陈文志、秘书长陈洁等到通河县检查老区建设工作。

2004年

4月15日，省委副书记、省长张左己，在省政府秘书长张松岭，哈尔滨市委副书记、市长石忠信等陪同下到通河检查工作。

9月2日，市老区建设促进会会长王人生带领市第一医院10余位医学专家到凤山镇青山村和蚂螂河村为村民免费义诊。

2005年

8月2日，县委在县老干部局小会议室召开抗日战争时期通河“四六事件”（史称“王金才事件”）研讨会。

27日，全省扶贫开发整村推进现场会在通河县召开。

本年，通河县被国家建设部确定为全国小城镇建设重点县。

2006年

1月13日，国家扶贫办副主任高鸿滨到通河视察扶贫开发整村推进工作。

2月8日，俄罗斯新任驻华大使拉佐夫专程前往广州，向原苏联红军驻通河卫戍区司令部副司令、通河城防司令部司令现年85岁高龄的离休干部卢连峰补发反法西斯战争胜利60周年“勇敢勋章”。

6月23日，通河县被省委命名为2005年全省平安县。

7月23日，经过广泛征集、研究，确定通河精神表述用语为“超越自我，争创一流”。

9月1日，县委、县政府在通河江畔广场隆重举行庆祝通河县建县100周年大会。

9月22—23日，省委副书记、省长张左己，省委常委、哈尔滨市委书记杜宇新，副省长刘海生等到通河县视察新农村建设和城市建设及生态旅游等工作。

2007年

5月6—7日，省委书记、省人大常委会主任钱运录到通河视察。

8月14日，由东北抗联老战士、英烈后代、省党史研究室专家、省抗战研究会组成的重走抗联路，即缅怀之旅通河行代表团到通河县凤山镇原抗联遗址考察。

21日，位于乌鸦泡镇境内的方四井正式开始试采油。

10月1日，全县正式开通有线数字电视，可为用户提供68套电视节目。

2008年

1月13日，跃进泡冬季捕鱼一网打到17 000~18 000斤鱼。

4月16日，省民政厅福利彩票发行中心和省公安厅公安民警英烈基金会为公安局清河镇交警中队原队长王金同志的遗属捐赠10万元资金。

23日，全省城市棚户区和农村泥草房改造工作会议在通河召开。省委副书记、省长栗战书，省委常委、常务副省长杜家豪，副省长于沙燕出席会议。

5月16日，全县3 185名党员为四川汶川地震灾区群众献爱心捐献“特殊党费”607 219.22元。

18日，省委书记吉炳轩在市委副书记、市长张效廉的陪同下，到通河视察新农村建设和泥草房改造工作。

7月15日，市老促会会长王人生等30人到通河，考察小城镇建设和新农建设情况。

9月，全省“法律进乡村”现场推进会在通河召开。

10月，铧子山革命烈士陵园于本月落成。该陵园投资50万元，占地1.5万平方米，由一座主纪念碑和50个小型纪念碑组成，有40名革命烈士安息于此。

2009年

1月20日，通河县被评为全国文明县城，是哈尔滨市唯一获此殊荣的县城。

2月12日，总装备部“921”工程指挥部派代表专程到通河答谢宝通石英公司为国家航天航空事业做出的贡献。宝通石英公司生产的石英光学玻璃在航天员地面失重训练的“中性浮力水槽”设备中选用。“921”工程指挥部的代表特送来表扬信、赠送航天模型和“神七”飞行时的照片。

11月14日，通河松花江公路大桥即日通车。

11月，通河县在南昌举办的首届世界低碳与生态经济暨技术博览会中国县镇绿色发展论坛上，被评为中国绿色名县，获此荣誉的全国仅有26个县城。

2010年

4月8日，“2010年黑龙江省暨哈尔滨市通河科普大集”，在县江畔广场举行。

6月15日，全县完成造林绿化5.1万亩，获得全国绿化模范先进县荣誉。

30日，木兰、方正、通河三县联合举办革命老区文化交流“红歌会”在木兰县举行。

7月28日，县老促会、县人民医院联合哈尔滨市穆斯林医院在通河县开展“光明大行动”活动，免费为100多名老人进行眼科检查，为符合手术条件的10位老人做白内障手术。

8月16日，省委书记吉炳轩，省委常委、市委书记盖如垠，市委副书记、代市长林铎，省水利厅厅长陆兵，副市长张少良在省军区，省武警总队领导陪同下到通河县视察防汛工作。

10月14日，市老促会和市教育局支持老区教育事业，向凤山镇凤阳村小学赠送电脑、桌椅、电子琴和体育器材等价值5万余元的教学用品。

11月15日，哈尔滨市创建“全国残疾人工作示范城市”工作会在通河县召开。

11月23日，大庆头台油田通河区块方402井试采暨首车原油外运剪彩仪式举行。

2011年

5月9日，全市智能化水稻育苗、插秧现场会在通河召开。

9月2日，县老促会、老科协、关工委、老龄委主办，老干部艺术团承办的通河、宾县、延寿三县（中老年艺术团）老年节联谊专场演出在通河县举行。

10月21日，通河县举办哈肇公路通河至依兰段通车仪式。

2012年

6月28日，由县委宣传部，县老促会共同举办的通河革命老区农民文艺调演晚会在江畔广场隆重上演。

8月3日，全省城镇化和新农村建设及蔬菜生产现场会在通河召开，省委副书记、政法委书记杜家豪，副省长于莎燕，副市长张万平等省市部门领导出席会议。

8月22日，省委书记吉炳轩，省委常委、市委书记林铎等领导到通河视察城镇建设。

2013年

7月8日，通河、方正、木兰、宾县、依兰革命老区中老年文艺联欢演出在县会展中心举行。

2014年

1月24日，通河县被全国爱卫会授予“国家卫生县城”荣誉称号。

9月6日，县委书记赵欣涉嫌违纪违法，被立案调查。

11月20日，县委举办“弘扬红旗渠精神，践行核心价值观”主题报告会。特邀央视《百家讲坛》栏目红旗渠精神主讲人李蕾来通河演讲。

2015年

1月28日，县体育馆建成开馆，体育馆位于大通河大街东段路北，总建筑面积5 255平方米，总投资2 700万元。

7月17日，通河县召开党政干部会议，宣布省委决定：任命刘长河为中共通河县委书记。

26日，市老促会、市卫生计生委联合组织市红十字中心医院医疗小分队赴通河县革命老区凤山镇青山村进行义诊。义诊活动共接诊500余名病人。

2016年

1月28日，通河县举行上海享雷网络科技有限公司米袋网村村通项目入驻通河揭牌仪式。

8月13日，全国政协委员、国家质检总局原副局长、中国品牌建设促进会理事长刘平均等到通河县调研打造地理标志品牌。

16日，由通河县和省体育局、省文化厅共同策划、哈尔滨市群众艺术馆协办的“黑龙江·通河2016‘百家得杯’山地自行车公开赛”隆重开幕。

9月6日，通河县举行了人才公寓入住启动仪式。共有40余名人才通过公开摇号获得了相应住房。

21日，县委宣传部、县老区建设促进会、教育局、老科协、残联等部门联合举办的“迎国庆、欢度重阳节”革命老区首届农民歌手大赛在县会展中心开赛。

30日，全市精准扶贫现场推进会在通河县召开。市委副书记王铁强等领导出席会议。

11月28日，通河县隆重举行二甲沟水库项目开工奠基仪式。

12月15日，县委书记刘长河率队参加了在北京举行的“中国地理标志产品品牌价值发布会”，并接受中央电视台就通河县大米品牌发展等相关课题的专访。

20日，铧子山滑雪场暨黑龙江乌龙狩猎场正式投入运营。

附录二　模范人物

（一）国家级劳动模范

殷海峰，三宝村党支部书记。1958年出席在北京召开的劳动模范大会，荣获周恩来总理署名的国务院奖状。

刘恩，县农机修造厂工人。1959年出席在北京召开的工业、交通劳动模范大会。

齐占尧，县运输公司汽车司机。1959年出席在北京召开的工业、交通劳动模范大会。

王琪琛（女），县第一小学教师。1959年出席全国群英会，荣获“全国优秀教师”称号。

徐凤英（女），粮店付粮员。1959年出席全国财贸系统劳动模范大会。

林日逢（朝鲜族），县第二中学体育教师。1982年出席全国优秀体育教师大会。

朱玉霞（女），县第一小学校教师。1983年出席全国优秀教师、班主任大会。

王相军，浓河镇民权村农民。1992年获国家绿化奖章；1995年被评为全国劳动模范。

丁连福，县农机公司党支部书记兼经理。1990年获全国“五一劳动奖章”。

郭玉珠，县纸业公司董事长兼总经理、工业局副局长。1996年获全国“五一劳动奖章”。

朱玉强，通河粮库工会主席。1997年3月获全国“五一劳动奖章”。

刘斌才，县公路站站长、交通局副局长。2001年获全国“五一劳动奖章”。

王紫水，祥顺镇太平山村农民。2005年被评为全国劳动模范。

卢俊莉（女），县人民医院B超室主任。2016年获全国“五一劳动奖章”。

（二）省级劳动模范

张富，岔林村农民。1951年出席黑龙江省劳动模范大会。

刘永生，向阳川农民。1951年出席黑龙江省劳动模范大会。

于会俭，西乐村农民。1951年出席黑龙江省劳动模范大会。

元中龙（朝鲜族），二道河村农民。1972年出席黑龙江省劳动模范大会。

吕庆典，制酒厂工人。1980年出席黑龙江省劳动模范大会。

齐占尧，县运输公司汽车司机。1980年出席黑龙江省劳动模范大会。

赵雅芹（女），清河镇供销饭店营业员。1980年出席黑龙江省劳动模范大会。

丁广居（回族），县医院院长。1982年和1984年出席黑龙江省劳动模范大会。

马德良，公安局干部。1982年出席黑龙江省劳动模范大会。

朱玉霞（女），县第一小学教师。1983年出席黑龙江省劳动模范大会。

林日逢，朝鲜族第二中学体育教师。1983年出席黑龙江省劳动模范大会。

牟肖芹（女），镇郊乡胜利村妇女。1984年出席黑龙江省劳动模范大会。

薛艳红（女），镇郊乡城发村养鸡能手。1985年出席黑龙江省劳动模范大会。

朱玉霞（女），县进修学校任小学语文教研员。1986年被评为黑龙江省劳动模范。

姜为民，县农业技术推广站副主任。1986年被评为黑龙江省劳动模范。

霍运东，县食品公司副经理。1986年被评为黑龙江省劳动模范。

兰金杰，县制鞋厂厂长，1986年4月出席黑龙江省第六届职工劳动模范代表大会。

杨佳通，县运输公司党支部书记兼经理。1989年9月被评为黑龙江省劳动模范。

丁连福，县农机公司党支部书记兼经理。1990年被评为黑龙江省第六届劳动模范。

丁秀文（女），县商业系统工会主席。1991年被评为黑龙江省第七届劳动模范。

贾桂兰（女），县综合商店营业员。1991年被评为黑龙江省第七届劳动模范。

康思平，县运输公司客车驾驶员。1991年被评为黑龙江省第七届劳动模范。

曹玉珍（女），县第一中学教员。1991年被评为黑龙江省第七届劳动模范。

王相军，浓河镇民权村农民。1993年被评为黑龙江省特等劳动模范。

刘斌才，县公路站站长。1994年被评为黑龙江省劳动模范。

付朝荣，县第一中学高级教师、校长。1997年被评为黑龙江省第八届劳动模范。

张贵生，县种子公司种子繁育技术员。1997年被评为黑龙江省第八届劳动模范。

张洪义，县农机公司经理。1997年被评为黑龙江省第八届劳动模范。

石忠宝，三站乡兴凤山村农民。1997年被评为黑龙江省第八届劳动模范。

丁继国，县人民医院副主任医师。2002年被评为黑龙江省第九届劳动模范。

马敬东，县农机总公司工人、技术员。2002年被评为黑龙江省第九届劳动模范。

肖殿义，县纸业公司车间主任。2002年被评为黑龙江省第九届劳动模范。

赵继行，通河联营砖场党支部书记、场长。1992年被评为黑龙江省优秀共产党员，1997年、2002年被评为黑龙江省第八、九届劳动模范。

高云林，浓河镇农民。2002年被评为黑龙江省第九届劳动模范。

赵淑珍（女），县第一中学校长。2006年被评为黑龙江省第十届劳动模范。

张孝波，祥顺镇新乡村农民。2006年被评为黑龙江省第十届劳动模范。

王占林，乌鸦泡镇联合村农民。2006年被评为黑龙江省第十届劳动模范。

袁晓光，富林乡政府干部。2012年被评为黑龙江省第十一届劳动模范。

张志敏，县电业局局长。2012年被评为黑龙江省第十一届劳动模范。

张威，祥顺镇南六方村农民。2012年被评为黑龙江省第十一届劳动模范。

贾连忠，铧子山林场检尺班班长。2017年被评为黑龙江省第十二届劳动模范。

付朋飞，柞树岗水稻专业合作社理事长。2017年被评为黑龙江省第十二届劳动模范。

郑民，富林镇平欧大果榛子农民专业合作社理事长。2017年被评为黑龙江省第十二届劳动模范。

张东阁，鸿兴养羊农民合作社理事长。2017年被评为黑龙江省第十二届劳动模范。

附录三　中国共产党通河地方组织沿革

1928年夏，由黄埔军校回到东北的中国共产党党员金治刚（崔庸健1925年加入中国共产党）和金再渊、张世振，受中共北满特委先后派到清河西北河村，秘密组织建党工作。1929年，发展党员20余名，在二道河村建立通河党支部，全东元为支部书记。金治刚、金再渊、张世振、文昌斌、朴哲浩为委员。并分别成立了田绍武农场党小组，组长崔日；西北河党小组，组长金治刚。

1930年9月，根据中共北满省委指示，通河党支部改为通河特别支部，受汤原县委领导，书记、支委均没变动。

1932年9月，组建中共通河区委员会，区委书记全东元，区委委员有张世振、张根浩、崔日、李永峰、金永熙、金宽永和金永俊。区委辖于贵林屯党支部和二道河、大通河、乌鸦泡、沙河、大古洞党小组，受汤原中心县委领导。

1933年，中共通河区委由5人组成，设4个党支部，有党员24名。8月28日，区委遭到破坏，党的组织活动中断。

1936年2月，重新组建通河特支，李秋岳任书记，受下江特委领导。

1937年7月，抗日战争爆发，通河特支在汤原县委领导下，组织反日会组织，继续开展抗日救国活动。

1938年3月15日，日军对下江特委组织进行大搜捕，通河党的组织遭破坏，组织活动停止。

1945年9月，抗联教导旅卢连峰、白凤林、宋永峰接收通河，成立中共通河党支部，卢连峰为书记，受中共合江地区委员会领导。

1946年2月7日，中共北满分局派戴谦任中共通河县委第一任书记。辖6个区委、一个总支。归中共合江工委领导。6月，划归中共松江省哈北地委所属。

1951年2月，县委设立常委制，常委有黄克、姜宝华、李洪滨、张枫、钟志明。12月，常委制取消，仍为委员制。

1956年5月3日，召开中国共产党通河县第一届代表大会实行常委制，选举委员14人，常委7人。张枫为书记。1956年9月，县委设书记处，张枫为第一书记。县委下设一个基层党委，19个党总支。

1959年10月，召开中国共产党通河县第二届代表大会，会议产生县委委员19人，县委常委8人，书记处书记5人；县监察委员会委员7人。王希太为县委第一书记。张枫为监察委员会书记。县委下辖14个党委、2个总支、179个支部。

1962年，书记处撤销。1963年召开中国共产党通河县第三届代表大会，选举产生新的县委，委员增至21人，常委增至9人。县委代理书记盖炳身。基层党委18个，总支2个，支部247个。

1966年5月，县委代理书记王世明，辖基层党委19个，总支9个，支部269个。

1967年4月至1970年9月"文化大革命"期间，县委被夺权，党组织生活中断。

1970年9月，召开中国共产党通河县第四届代表大会，选举产生27名委员。书记柳长江。下属19个基层党委，7个总支，299个支部。县委机关机构有：组织部、宣传部、纪律检查委员会、党校、农工部、财贸部、统战部、工交部、文教部和政法部。中共通河县委受中共松花江地委领导。

1975年12月，召开中国共产党通河县第五届代表大会，选举产生委员30人，常委10人。书记吴畏。辖基层党委26个，总支7个，支部403个。

1979年12月24日至27日，召开中国共产党通河县第六届代表大会。会议选举产生中共通河县委员会委员32人、常委11人和纪律检查委员会。

1983年6月25日，中国共产党通河县第七届代表大会，会议选举产生第七届县委委员23人，候补委员4人，常委8人和纪律检查委员会委员12人。选举钱治国为县委书记。下属党委37个，总支15个，支部574个。1984年县委组织机构经松花江地委批准，设宣传部、组织部、统战部、政法委、农工部。

1986年11月4—6日，中国共产党通河县第八次代表大会召开。选举产生中国共产党通河县第八届委员会和中国共产党通河县第二届纪律检查委员会。选出县委委员25人，候补委员4人；县纪律检查委员会委员15人。丁珂为县委书记，孙诤为纪检书记。下属县直21个党委10个党组，乡镇15个党委。全县有党员7 404人。

1990年1月13日至16日，中国共产党通河县第九次代表大会召开。会议选举产生中共通河县第九届委员会和中共通河县第三届纪律检查委员会。选出县委委员23人，候补委员4人；县纪律检查委员会委员15人。丁珂为县委书记，孙诤为纪检书记。

1993年4月7日至10日，中国共产党通河县第十次代表大会召开。选举产生中共通河县第十届委员会。委员25人，候补委员4人。选举产生中共通河县第四届纪律检查委员会。委员17人。选举师长富为县委书记，柴万林为纪检书记。1996年10月，中共松花江地委撤销，中共通河县委隶属中共哈尔滨市委领导。根据1997年9月18日中国共产党第十五次全国代表大会通过的《中国共产党章程》和《中国共产党地方委员会工作条例（试行）》的规定，1997年换届后，县党员代表大会的任期由原来的三年改为五年。

1998年3月6日至8日，中国共产党通河县第十一次代表大会召开。选举产生中共通河县第十一届委员会，委员25人，候补委员4人。选举产生中共通河县第五届纪律检查委员会，委员17人。徐福为县委书记，张文为纪检书记。

2003年3月18至20日，中国共产党通河县第十二次代表大会召开。选举产生中共通河县第十一届委员会，委员25人，候补委员4人。选举产生中共通河县第六届纪律检查委员会，委员17人。乔树江为书记，封殿辉为纪检书记。

2006年11月29日至30日中国共产党通河县第十三次代表大

会召开。选举中国共产党通河县第十三届委员会委员29名，候补委员4名。选举赵洪君为中共通河县委员会书记，郝士余为纪委书记。下属县直20个党委、4个直属党总支8个党组，乡镇8个党委。全县有党员7 403人。

2011年11月28日至29日，中国共产党通河县第十四次代表大会召开。大会选举产生了中国共产党通河县第十四届委员会委员29人，候补委员6人，中国共产党通河县第十四届纪律检查委员会委员21人。会议选举产生中国共产党通河县第十四届委员会县委常委9人，赵欣为县委书记。

2016年12月8日至9日，中国共产党通河县第十五次代表大会召开。选举产生中国共产党通河县第十五届县委委员30人，候补委员7人。选举产生中国共产党通河县第十五届纪委委员21人，选举产生常务委员会委员10人，选举产生书记1人、副书记2人。会议选举产生中国共产党通河县第十五届委员会县常委9人。刘长河为县委书记，吴国清为纪检书记。

附录四　重要史料

一、在通河干部座谈会上的讲话摘要

陈云同志1946年3月13日
在通河县干部座谈会上的讲话摘要

1946年3月13日，中共中央北满分局在通河召开干部座谈会，陈云同志在座谈会上讲话指出:东北问题实际上是美苏关系问题，如果苏联不与国民党政府订立条约，美国的势力一定要完全伸进东北。现在，蒋介石想赶苏联红军走，所以叫美国出面干涉，使东北问题国际化。决定东北问题的时机还没到来，国共之间还要打仗，蒋介石还要派部队来。北满当前的工作应当是粉碎敌人进攻，肃清土匪，发动群众。军队编制要适合将来进行运动战。土匪是国民党的战略先遣队，已击溃了三万人，还有三万人。要在继续剿匪的同时，进行政治攻势，争取不战而进入被土匪占据的城市。

要弄清零工在人口中是否占多数，他们是向地主富农领取工资，还是与地主富农存在租佃关系。这涉及到在农村是提增加工资，还是提减租的口号的问题。这个问题非常重要，“其大等于天”。

要争取知识青年，先争取教员，再争取学生。争取不了他们，在满洲还有失败的可能。

关于财政经济问题，讲话指出:现在的生财之道有清算敌伪财产、发公债、发票子、征公粮、搞贸易，但主要应靠征收物资出境税，即收“买路钱”，这是一本万利的事。经济问题只能用经济手段解决，不能靠政治手段解决。经济混乱的时间估计还要有两年。要向延安的商人学习，手里经常握有物资，不要拿票子。

关于党内问题，讲话指出:有的同志做不得大官，做了大官就昏头昏脑，闹独立，只看到个人的作用，看不到全党的力量。个人有作用，但很小，没有全党的力量，个人很少能有成就。

——来自《陈云年谱》

二、创办通河中学

1946年2月，由中共北满分局领导的北满军区、松江军区和八路军120师三五九旅，一举粉碎盘踞通河的敌伪和土匪，解放通河。通河人民重见天日。当时中共北满分局书记陈云，正全力贯彻党中央关于创建巩固的东北根据地的决议。号召充分发动群众，进行剿匪反恐，实行民主改革，开展土改、民主建政，大力支援前线。同时，也强调要加强培养青年干部。陈云同志指出："巩固东北根据地，必须大力培养干部，要兴办学校培养人才，与国民党争夺青年一代"。于是北满分局、松江省委决定调配干部兴办中等学校。陈云同志亲自批四万元（东北币）给通河创办松江省立第五中学（通河一中前身），吸收通河、方正、木兰、依兰县学生入学。与此同时，决定调配从延安进入东北的抗战老干部来通河中学任教。由于北满分局和松江省委的重视和通河县委的支持，通河中学在原伪满农高的校址上创办起来。首任校长是李惠民（地方代表人物，后病逝），后由延安来的老干部赵志宣任副校长主持工作，赵志宣调任佳木斯工作后，又由通河县首任县长石峰兼任校长，刘任需任副校长。通河中学于1947年2月11日由松江省教育厅直辖，命名为松江省立第五中学，简称松江五中。

当时，松江五中创办起来，除党的重视外，还有一条重要因素，就是党派来从延安来的经过抗战锻炼的老干部前来任教，为人师表，言传身教，开创人民教育的新篇章。当时党派来的抗战老干部任教的老师有7位，赵志宣（北京燕京大学学生，"一二·九"运动后到延安马列学院学习）、刘任需（曾在延安大学自然科学院学习，新中国成立后，曾任东北机械高职学校副校长、一机部技术处处长、二汽副总工程师、一机部机床管理局副总工程师）、毛星（学者，作家，是延安鲁艺的研究员）、王希敏、刘振芳（曾在延安大学自然科学院学习）、赵光宇（曾在延安学外语）及席有山、齐俭候等。从延安来的老干部，他们都经过抗战的锻炼，有坚定的信念，树立全心全意为人民服务的世界观，为人正直善良，艰苦朴素，平易近人，情操高尚。

当时，学校设有社会发展史、大众哲学、中共党史、近代史及语文、数学、物理、地理等课程。老师们在教学中理论联系实际，非常生动、活泼。有的老师是著名学者、专家。如毛星在延安就是学者，文学造诣颇深，他对中国文学史、鲁迅作品很有研究，对民间文学更有研究。他讲语文课，评价鲁迅的作品，深入浅出，旁征博引，生动有趣，把课文讲活，使学生听得入神，留下深刻印象。毛星在新中国成立后曾参与和郭沫若、茅盾、钟敬文等名家共同发起创建中国民间文学研究会（中国民协前身），他是中国科学院高级研究员。刘任需老师，从华北联大到延安大学自然科学院，又从延安到东北，在治学上一丝不苟，认真钻研，博览群书。他给同学授课或做报告，言中有理，理中有证，证出有方。他讲社会发展史、近代史或大众哲学，通俗易懂。善于做学生的思想政治工作，针对当时形势，党中央从延安实行战略转移，敌特散布种种谣传，加上东北青年仍有些糊涂的“正统观念”。他运用大量事实，以历史唯物主义和辩证唯物主义观点，分析、批判得淋漓尽致，十分有说服力，增强青年学生对党的凝聚力，增强对前途的信心。刘振芳老师，新中国成立后曾任地质大学副校长，对中国地理很有研究，上课时，在黑板上随手画出祖国山川、城市准确位置，而且讲得头头是道，对地理特点，人情风俗、物产资源一清二楚。王希敏老师（新中国成立后曾任吉林、兰州、齐鲁石化公司副厂长、总工程师）除上数理课外，还发挥他在延安鲁艺学过音乐的特长，辅导同学们音乐课。延安来的老干部对同学非常和善，既是老师也是朋友，没任何“师道尊严”的架子，他们与同学打成一片。辅导学生开展文体活动，排演秧歌剧《兄妹开荒》及歌剧《白毛女》和《黄河大合唱》等，令人起敬。他们对同学如春天的阳光一样温暖，把党的关怀传递到青年身上，增强同学们的坚定信念，立志成才，永远跟党走。

在解放战争初期创办的松江五中，是一座革命熔炉，培养人才的摇篮。当时党和政府无时不关心着这座中学，通河县首任县长石峰亲自兼任校长，他常来中学看望师生，帮助解决有关物资方面的困难。是一位慈祥和善的长者，非常关心人。当时县政府初建，也是比较困难，但是为把中学办好，设法修缮好校舍和住宿生宿舍，帮助解决住宿生的粮食供应和过冬取暖的烧柴。当时松江五中还有一条照顾贫苦农民学生的规定，特困学生免交学费，而且还有补贴。

通河县委历任县委书记朱荣、孟戈飞等都十分重视办好这所中学。党关心青年同学，广大青年同学随时响应党的号召，听从党的召唤。1947年，为巩固北满根据地，当时，还从松江五中各班选调身体好，立场坚定，勇于奉献的6名同学赴前线。其中有尚德才（曾任总后勤部管理局政治处副主任）、乔喜荣（曾任黑龙江省司法警官学校副校长）、范捷（曾任通河、木兰县县长、松花江地区农业机械化学校党委书记）、于阔洋（曾任伊春市工人疗养院副院长）、魏希国、张涛（1949年南下江西，先后任《井冈山报》总编、永新县委书记、省文化厅副厅长、省文联副主席），分到三个中队担任文化干事。随着部队转辗在桦甸、磐石、东丰、西丰、四平前线一带，参加东北野战军1947年的夏季攻势。1948年5到7月，解放军夏季攻势取得辉煌胜利，通河县支前战勤大队胜利完成支前任务，受到参战部队的表彰。在返县前，参加支前的中学同学尚德才、魏希国在前线申请参加人民解放军。张涛和其他同学返回通河后留在县委、县政府工作。

1947年7月，松江五中为响应东北局和松江省委的号召，发动群众开展轰轰烈烈的土地改革运动，中学全体同学参加县委举办的土改训练班后，分批奔赴通河各区参加土地改革运动。这批同学从此走上革命征程。随着时间的推移，60年来，从松江五中走出来的将军、科学家各级领导干部等多人，其中有解放军部队的将军，有科技界、文教界的学者和教授，有工业战线的高级工程师，也有文艺战线的作家、诗人等。据不完全统计，从松江五中走出来的离休干部中，有司、局级干部20多位。其中有解放军基建工程兵51支队副支队长兼总工程师曹乃夫、有曾任大庆市武装部长的王明义，有黑龙江省统计局（厅）副局长，后转民航部门担任领导的安玉书，有在省农机局担任纪委书记的张枫，有曾担任黑龙江省直机关工委书记的谢国兴，有在理论战线获得成果的戈力（原名李兆娴），有在化工战线取得优异成就的专家史一之（原名史永志），有成为出国执教的教授王磊，有在省土地局任纪委书记的金哲先，有成为作家的张恩儒，有原黑龙江省委理论刊物《奋斗》主编韩树人，有成为史学、档案专家李辰生，有的成为桃李满天下的高级教师苑凤荣（培生），有的在文化战线上多次评为先进工作者的刘珉，有的成为县委领导，为建设家乡出力的孙成林，有发挥余热，年逾七旬仍关心下一代工作的崔宝林和省农业银行负责人、学者刘兴国等。他们在党的培养下，几十年来为党的事业做出奉献，继承和发扬通河中学的光荣传统，为通河人民、为通河中学增添光彩。

后 记

遵照中国老区建设促进会关于全国1 599个革命老区县（市、区、旗），都要编纂一本《革命老区发展史》，作为向2021年中国共产党成立100周年献上一份厚礼的要求，通河“老促会”，于2017年立即成立编委会，组织编辑人员开始运作。

编纂《革命老区发展史》意义重大，革命老区人民，无论是战争年代还是社会主义建设时期，为中国革命和建设事业都付出了巨大牺牲，做出了极大贡献；老区的光辉历史和优良传统是宝贵的精神财富，是红色的政治、文化资源。对于人民认识县情、牢记昨天、把握今天、关注明天，起到不可替代的作用。为老区脱贫攻坚，全面建成小康社会提供强大的精神动力。

近年来，通河县党史办、通河县政协文史办、县志办、老促会、关工委等单位，先后编辑、出版了多部关于通河老区革命斗争和记述和平年代建设发展方面的书籍和文史资料，为编纂《通河县革命老区发展史》提供了丰厚的史料。此次书稿形成过程中各方面高度重视，在史料征集、挖掘、整理，内容取舍及谋篇布局，起草人员的选定、文字规范严谨，等等，各方面的重视程度是前所未有的。

按照中国老区建设促进会对丛书的具体要求，编辑人员广为博览，反复筛选，去伪存真，精心编辑，努力做到全面、系统、准确、翔实无误。为此，新中国成立前抗日战争部分的初稿完成，曾邀请过去在党史办、政协文史办、县志办工作过的老同志及现任职的相关人员，对初稿一些历史事件，进行座谈研讨。过去对于某些历史事件有争议的意见，基本达成一致。

本书编写过程中，坚持以马克思列宁主义、毛泽东思想、邓小平理论、“三个代表”重要思想、科学发展观为引领，贯彻落实习近平新时代中国特色社会主义思想，运用历史唯物主义和辩证唯物主义的立场、观点、方法，坚持历史的真实性、事件的准确性与内容的可读性相统一，深入挖掘并全面系统地记载了通河县革命老区重要历史事件，反映了东北抗联和老区人民在中国共产党领导下展开的伟大斗争，付出的巨大牺牲，做出的巨大贡献，以及老区人民在社会主义革命和建设时期、改革开放时期，特别是党的十八大以来在政治、经济、社会领域取得的巨大成就。

我们本着对革命老区通河历史负责，对在这块热土献身的烈士、志士仁人负责，对通河26万人民负责，编辑过程中，参考大量历史资料。在尊重历史原貌的原则下，重点吸收有历史价值的重大历史事件，重要人物事迹，突出主体内容。由于丛书有字数限制，以站位较高视点俯瞰历史，没有面面俱到。

本书经过近两年时间工作，几次校对，几易其稿，我们努力想将《通河县革命老区发展史》编纂成具有权威性的一本通河史书。她既是通河地区革命斗争岁月和和平建设年代的珍贵的史料，又是丰富而生动的爱国主义教材。

《通河县革命老区发展史》的编写，得到省、市老区建设促进会领导的高度重视和指导，成立省、市、县三级审读小组，聘请专家对成稿进行了三级审读，确保成为一部具有重要史料价值的历史书籍。也得到县委和县政府的重视和支持，不仅在资金上给予支持，县委书记刘长河，县长、县委副书记贺业方、县委副书记杨乃珍为本书亲自题字。

《通河县革命老区发展史》编纂完成，更应感谢多年来从事通河历史资料的搜集、整理、保存的同志。如已故的王玮、赵文信、王志民、顾绍成以及原档案局的宋景涛、原党史研究室张亚兴、高顺福等同志，他们为调查、整理通河史料做出了应有的贡献；在审读过程中党史办的尹宝红、范连秀，县志办的陈闯等同志字斟句酌，校正了许多疏漏和错误。在《通河县革命老区发展史》付梓之际，对上述同志一并表示由衷的感谢。

由于编辑人员水平有限，错误和疏漏之处，敬请批评指正。

《通河县革命老区发展史》编纂委员会

参考文献

[1]通河县志编纂委员会.通河县志[M].北京：中国展望出版社，1990.

[2]通河县地方志编纂委员会.通河县志1986—2005[M].哈尔滨：黑龙江人民出版社，2011.

[3]通河县地方志编纂委员会.走向辉煌[M]. 2011.

[4]通河地方志编纂委员会.通河年鉴2016—2017[M].

[5]王玮.通河史话[M].

[6]曹乃夫.铧子山情缘[M].2004.

[7]中共中央北满分局[M].哈尔滨：黑龙江人民出版社，1998.

[8]曹乃夫.松水长流通河情[M].2002.

[9]通河县矫正事件综合材料.通河县公安局1952年4月15日公证字第71号卷宗.

[10]马彦文.东北抗日联军名录[M].2005.

[11]中共通河县委组成由赵文信等人参加的调查组.抗战时期黑龙江省通河县人口伤亡和财产损失课题调研报告.2006年10月30日.

[12]姜艳芳，石岩.历史回眸[M].哈尔滨：哈尔滨出版社，1998.